품격 있는 노년기를 위한 **24가지 체크리스트**

# 시니어 레거시

# | 머리말 |

노인 인구 1천만 시대가 눈앞에 닥쳤습니다. 어떤 이는 이를 거대한 시니어비즈니스의 새로운 패러다임 전환 기회라고 하고, 어떤 이는 '다사 사회, 노인 빈곤, 고독사, 무의미한 연명 시대 등'으로 우려를 나타내기도 합니다. 고령 선진국에서는 '빅 시프트(마크 프리드먼, Big Shift)'에서처럼, '100세 시대 중년 이후 인생의 재구성과 시니어 삶의 새로운 절정을 준비'하는 사례를 여럿 보여줍니다. 나아가 세대 지속성을 고려한 품격 있는 노년이 남길 유산과 진정한 자아실현 단계의 삶을 보여주기도 합니다. 이러한 시대변화 속에서 시니어는 누구나 '건강자산, 시간자산, 재무자산 구축'이라는 중대한 숙제를 풀어야 합니다.

'시니어 레거시, 품격 있는 노년기를 위한 24가지 체크리스트'는 노년의 삶이 재무에만 치우치지 않고 비재무 영역까지 아우르는 품격 있는 삶의 조건을 제시하기 위해 써졌습니다. 아직 우리에게는 먼 미래처럼 보이는 '재무적 나이 듦' 외에도 비재무적인 영역인 '사회적 · 소명적 · 영성적 · 지성적 · 감정적 · 육체적 나이 듦'의 24가지 구체적인 품격 있는 나이 듦의 갖추어야 할 조건들을 풀어 소개합니다. 고객의 자산관리 현장에서, 또 비재무적 삶의 구현에서, 나아가 더 나은 시니어 비즈니스 연구 현장에서 만난 세 명의 진지한 고민과 경험을 나누고자 합니다.

**이 책을 누구에게 권하고 싶은지, 가장 도움이 되었으면 하는 대상은 누구인지?**

**조한종 저자** : 성공적, 긍정적, 창의적인 인생후반전 혹은 노년기를 이상이나 꿈이 아닌 현실로 만들고 싶은 분들께 드립니다. 옆에서 지혜로운 노년기의 조연이나 넛지하실 금융업 종사자분들과 가족분들께도 권합니다.

**김신혜 저자** : 스스로 결정한 삶의 질을 지속하길 원하시는 분들과 그러한 분들을 돕고자 하는 분들께 추천드립니다.

**최학희 저자** : 은퇴 후 주어진 남은 시간을 어떻게 가치 있게 보낼지에 대해 궁금하거나 고민하시는 분들께 '삶의 우선순위 재조정과 새로운 설계'를 위해 추천드립니다.

**경험하고 연구해오신 분야가 다르다 보니 세 분의 입장과 견해의 차이가 있을 수 있었을 텐데, 서로를 통해 새롭게 알게 되거나 느낀 점이 있다면?**

**조한종 저자** : 끊임없이 도전하고 함께 성장을 추구하는 파트너분들입니다. 진정성과 열정이 느껴졌고 고객 한 분 한 분의 소중한 가치와 행복을 먼저 생각하는 현장으로부터 출발하는 전문가라서 더불어 많이 배우고 통합적으로 여러 가지를 동시에 생각하게 되어서 보다 스펙트럼을 넓히는 인연, 시간이었습니다.

**김신혜 저자** : 서로 다른 영역인 듯 보이지만 사실 연결된 부분이 많다는 걸 알게 되었습니다. 재무적인 부분에서 언급하지 않는 보다 넓은 범위의 비재무 영역은 조한종 저자님이, 대상 고객에게 전달하기까지 실제적인 과정과 방법에 대해서는 최학희 저자님이 때로는 같이 때로는 다르게 보는 관점 덕분에 확장된 사고를 할 수 있었습니다.

**최학희 저자** : 재무 · 비재무 현장을 이해하고 깊이 고민하는 분들이기에, 묵직한 키워드와 방향성이 뚜렷하게 나오는 것이 좋습니다. 무엇보다 부족한 부분을 채우며 소통하는 함께 하는 즐거움이 단연 제일 좋습니다.

## 앞으로의 계획, 비전을 말한다면?

**조한종 저자** : "가봤어?", "해봤어?"를 스스로에게 주문하는 덜 부끄럽고, 덜 후회하는 컨설턴트, 나아가 파트너분들, 고객분들과 늘 따뜻한 소통, 공감으로 지혜를 나누는 시니어비즈니스네트워커가 되고 싶습니다.

**김신혜 저자** : 저희를 만나는 한분 한분이 가진 자원을 살핌으로써 추가적인 선택지를 확보하실 수 있도록 돕는 플랫폼, 그리고 메신저가 되는 것입니다.

**최학희 저자** : '더 나은 시니어 삶'을 위한 통합적 연구와 현장에 구현하는 비즈니스모델을 제시하고 싶습니다.

2023년 6월

시에나파트너스

조한종, 김신혜, 최학희 씀

# 저자소개

조한종

**주요 경력**

2022 실버산업전문가포럼 이사
2022 동국대학교 교육서비스대학원 출강
    (노년학, 대우교수)
2019 한국노년학회 산학협력분과 위원
2016 서울시 50플러스재단 근무
2014~2016 Creative Aging Network –
    North Carolina
    (Board Member)
2011~2012 [송파 시니어복합문화센터 조성 및
    활성화방안에 대한 연구] 학술용역
    연구책임자
2011 금융노년전문가(RFG ; Registered
    Financial Gerontologist)
2010 서울시 9988 복지센터, 어르신행복타운
    자문위원

2010 한양사이버대학교 실버산업학과 출강
    (세계의 실버산업, 겸임교수)
2009 서울시 노인행복도시 노인정책 실행그룹 위원
2008 전남 u–실버문화콘텐츠추진위원회
    실버산업전략분과위원
2008~2012 (주)시니어라이프, (주)퓨처모자이크
    연구소 기획이사
2000~2006 LG화재(현KB손보) 홍보실, 광고팀
    근무

**주요 저서**

2019 시니어마케팅(한국FPSB 공저)
2014 시니어비즈니스쿨
    (실버산업전문가포럼 공저)
   ※ 글로벌시니어비즈니스사업기획(with 매경) 등
    현장 기반 실행교육 기획, 운영

김신혜

**주요 경력**

• 웰스위치파트너스 주식회사 대표이사
• ChFC 한국평가인증주식회사 교수, 연구원
• 청소년바른금융투자연구소 간사
• JA Korea 금융교육 강사
• 머니투데이 재무플랫폼 방송/ 매일경제
• 은퇴설계 포트폴리오 방송/ 한국경제TV
   ※ 증여상속 컨설팅, 재무목표에 따른 포트폴리오
    운영사례 다수

**주요자격 및 수료**

• Chartered Financial Consultant/ ChFC
  Korea
• ACC(Associate Certified Coach)/ ICF
• KAC(Korea Associate Coach)/ 한국코치협회
• 마인드프로세서/ KOREA MAPPING
  ASSOCIATION
• 펀드투자, 증권투자권유대행인/ 금융투자협회
• 개인투자조합관리사/ 한국개인투자조합협회
• 벤처캐피탈리스트 양성과정 수료(42기)/ 한국벤
  처캐피탈협회
• Global AMCP 수료(6기)/ 아빈저경영연구소

최학희

**주요 경력**

• 시니어라이프비즈니스 대표
• 시니어라이프 대표이사
• 실버산업전문가포럼 사무총장

**연구 및 자문영역**

• 비즈니스 컨설팅
• 리서치 모더레이터
• 비즈니스 트렌드, 라이프스타일 교육
• 유튜브 채널 '시니어라이프비즈니스, SLB' 운영

**주요 저서**

2019 시니어마케팅(한국FPSB 공저)
2019 시니어 프라이드(사단법인 시니어라이프 공저)
2014 시니어비즈니스쿨
    (실버산업전문가포럼 공저)

# 추천사

**원혜영** | 웰다잉문화운동 공동대표, (전) 5선 국회의원, 풀무원 창업자

천만노인시대를 목전에 두고 있습니다. 베이비붐세대도 은퇴자 대열에 참여하고 있습니다. 기대수명이 길어지며, 은퇴 후 보내야 할 시기도 계속 늘어나고 있습니다.

이제는 인생이막을 넘어, 인생삼막 시대가 펼쳐지고 있습니다. 인생삼막 시대에 대한 철저한 준비가 더욱 필요해지고 있죠. 인생삼막은 삶에 대한 마지막 자기결정에 대해 더 진지하게 생각해봐야 합니다. 구체적으로 우리는 '노쇠나 인지증장애(치매)로 신체에 대한 결정이 어려워진다면?', '재산에 대해 가족 간 분쟁을 미리 막을 수 있는 준비는?', '사랑하고 고마웠던 분들의 관계 정리는?' 등과 같은 질문에 답해야 합니다.

이러한 준비는 개인뿐만 아니라, 사회문화적으로도 머리를 맞댈 필요가 커지고 있습니다. 이러한 때, '삶의 우선순위 조정(Re-Priority)과 새로운 삶의 디자인(Re-Design)'을 통해 '품격 있게 나이 듦'을 연구하는 노력은 주목받을 필요가 있습니다.

함께 머리를 맞대고 '품격 있는 삶과 사회'에 대한 진지한 논의를 시작할 때입니다. 준비되지 않은 채 닥쳐오는 미래에 떠밀려가는 사회가 아니라 자신의 삶에 대해 결정권을 갖고 고민하고 준비하는 품격 있고 에너지 넘치는 사회가 되기를 기대해봅니다.


**정은성** | (주)에버영코리아 대표이사, (사)비랩코리아 이사장

우리나라의 65세 이상 노인 인구는 935만 명, 곧 1,000만 명 시대다. 불과 3년 후에는 총인구의 20%가 넘는 초고령사회가 된다. 세계 역사상 가장 빠른 속도다. 이런 추세라면 20여 년 후에는 전체 인구의 37%를 차지하는 세계 1위 고령국가가 될 것이다. 이 책의 주제가 우리 미래와 얼마나 깊은 관련이 있는지 가늠할 수 있겠다.

우리나라 노인 빈곤율은 오랫동안 40%대를 유지하다가 최근 30%대로 내려왔음에도 불구하고 OECD 국가 중에 1위다. 평균보다 무려 3배가량 높다. 심각한 사회문제가 아닐 수 없다. 이와 관련하여, 금감원과 한국은행의 발표 내용에 따르면 노인들의 금융 이해력 및 금융 행위 점수는 60점대 또는 그 미만으로서 젊은 세대에 비해 현저하게 차이가 난다. 이 책의 전반부가 노년의 재무적 측면을 다루고 있는 것이 그저 우연일 수 없겠다.

우리나라 노인 자살률은 2019년 기준 10만 명당 46.6명이다. OECD 국가들 중에 압도적인 1위로서,

평균 17.2%의 3배에 가깝다. 예로부터 우리나라는 효를 중시한다고 했는데 이제 어디 가서 그런 말을 꺼낼 수는 없게 되었다. 한 마디로 우리 어르신들은 아프고, 외롭고, 불행하다. 이 책의 후반부가 노년의 비재무적 측면을 중요하게 다루는 중요한 이유라고 할 수 있겠다.

이 책은 우리 사회의 고령화 문제에 대한 깊은 통찰력을 지닌 저자들이 모여서 그에 대한 현실적인 대처법을 제시하고 있다. 그래서 우리들 각자가 노년의 삶을 더욱더 멋지고(wonderful), 아름답고(beautiful), 의미롭게(meaningful) 살아갈 수 있도록 도움을 주는 친절한 안내서(guide)이자 상세한 설명서(manual)이다. 책이 나오면 나부터 빨리 사서 읽고 도움을 받아야겠다.


## Soonhwai Yi(이순화) | 글로벌 경제학자

전세계가 고령화에 관심을 두고 있다. 특히 최근에 중국이 2022년에 인구 감소가 시작되었다는 발표 후 더 심화되었다고 볼 수 있다. 예를 들면, 세계은행은 동아시아 태평양 경제동향 업데이트 보고서(2023년 4월)에서 '고령화'를 다가오는 도전 과제로 지적하고 있다. 일본과 더불어, 한국은 고령화가 가장 빨리 진행되고 있는 국가 중 하나로 꼽힌다. 2060년에 인구 10명 중 4명이 65세 이상일 것으로 예상되고 있다.

시기적절한 정부 정책은 이러한 도전을 포용적 경제 성장의 원천으로 전환할 수 있다. 성공적인 정책 실행을 위해 정부 정책 설정과정에서 노령인구의 특성과 상황을 적절히 반영하는 것이 중요한 것으로 보인다. 왜냐면 모든 노령인구가 다 동일하지는 않기 때문이다. 예를들면, 여기에 있어, 세계은행에서 제시한 다음과 같은 4대 원칙이 포용적이고 생산적인 고령화 사회를 형성할 수 있는 정책 설립에 도움이 될 것으로 보인다. (i) 노령인구에서 선택이 주어질 것, (ii) 선택을 하지 않는 노령인구를 보호하기 위해 기본적인 보호 장치를 설립할 것 (예, 연금 제도에 자동 등록), (iii) 지원 정책 및 프로그램의 유연성을 유지할 것, (iv) 연령 차별을 제거하고 노령인구의 사회적 및 경제적 기여를 인지함으로 노령인구에 사회적 공감을 실천할 것.

우리 개인 차원에서 노후 생활 준비를 시기 적절히 하는 것 또한 아주 중요하다고 볼 수 있다. 이 과정은 다양한 재무 및 비재무 옵션, 기회 및 위험을 탐색, 반영해야 하므로 아주 복잡한 것으로 보인다. 이 책은 우리는 노후에도 존엄하게, 품격있게 살아갈 자격이 있다는 기본을 바탕으로 재정적인 측면과 사회적인 측면, 건강적인 측면을 연결하여 노년을 위한 계획을 총체적으로 설립할 수 있는 유익한 지침서로 보인다. 저자는 이 방면의 통찰력 있는 전문적 지식을 공유함과 동시에 전문적인 조언을 제공하여 은퇴 후의 재정적, 정서적, 사회적 웰빙에 관련된 노하우를 제공하여 우리가 안전하고 즐거운 노후 생활을 설계할 수 있도록 도움을 줄 것으로 보인다.

**정윤석 | 로니에프엔 대표, (전) 유베이스 / Chubb Life Insurance 전무**

다양한 기관에서 신규사업을 총괄하면서 노인을 대상으로 한 비즈니스를 주목해 왔다. 최근 들어, 초고령사회를 앞두고 늘어나는 수요에 적합한 공급이 이뤄지지 못하는 것을 지켜보고 있다. 비단 양적인 부분이 아닌 질적인 부분에서는 그 미흡함이 더욱 크게 느껴진다.

은퇴를 앞둔 시기에 '재무관련 체크리스트'를 통합적으로 이해하기는 더더욱 쉽지 않다. 금융권에서 적잖은 시간을 보냈지만, 은퇴 후 삶에 대한 적합한 재무 솔루션을 통합적으로 제시하는 것은 쉽지 않다. 비재무적인 영역인 'Social, Vocational, Spiritual, Intellectual, Emotional, Physical'은 더더욱 어려운 일이다. 게다가 재무적 영역과 비재무적 영역은 서로 단절되어 있는 현실이다. 곳곳에 산재한 새로운 서비스 본인에 맞는 서비스를 찾아내는 것이 경제적인 시대가 되었다.

시니어들에겐 이런 큐레이션 서비스가 더욱 요구되어질 것이다. 나 역시 하루에 많은 시간을 "fit"을 찾는 데 소비한다. 이 질문에 답이 되는 서비스 영역이 되길 바란다.

**김국진 | 데이콘 대표**

우리 사회가 계속해서 고령화됨에 따라 기술, 특히 인공 지능이 '노인 인구를 지원하는 데 할 수 있는 역할'을 고려하는 것이 중요하다. 본 도서에서 저자는 노화의 다양한 측면과 신중한 준비의 필요성을 탐구할 뿐만 아니라, 노인의 삶의 질을 향상시킬 수 있는 기술의 가능성에 대해서도 중요하게 다루고 있다.

인공 지능의 부상으로 노인들이 직면한 고유한 문제에 대한 혁신적인 솔루션에 대한 엄청난 잠재력이 있다. 맞춤형 건강 관리 권장 사항에서 보조 장치에 이르기까지 AI는 우리가 '노화에 접근하는 방식'을 혁신할 수 있다. 그러나 우리가 '노인들의 존엄성과 자율성'을 고려하여 이러한 솔루션에 신중하게 접근하는 것이 중요하다.

본 도서는 기술의 역할에 대한 고민 등 인생 3기를 준비하는 종합적인 길잡이를 제시한다. AI가 점점 더 일상생활에 통합되는 미래를 향해 나아가면서, 이 책은 노인인구의 웰빙과 자율성을 강화하는 데 초점을 둔다. 나아가 이러한 발전에 중요한 알림 역할을 하는 중요한 책이다.

## 김지희 | 효돌 대표

돌봄 로봇 사업을 하면서 많은 어르신들을 만나뵙고 있다. 대부분이 1930년대부터 1950년대생이신 우리 조부모님, 부모님 세대들은 유례없는 경제 성장을 이루어내고 자식들을 위하여 평생을 헌신하느라 경제적 여유와 상관없이 노후 준비에는 무방비인 분들이 많다. 더군다나 고령화가 급속하게 진행되었기 때문에 어르신들은 그들의 부모님이나 위의 연배가 지금처럼 80대 이상 건강하게 계신 것을 본 일이 없다. 경제적 여건과 상관없이 하루하루 시간을 어떻게 보낼 것인가에 대한 개인적인 고민과 성찰의 시간이 많이 없었다.

나 역시 마찬가지다. 나는 돌봄 로봇 사업을 하면서 다른 사람에 비해 고령화 사회에 대해 더 많이 접하고 있기는 하지만 나의 은퇴 이후의 삶에 대하여 진지하게 고민한 적은 없다. 여러 가지 이유가 있겠지만, 그 일이 내키지 않은 것도 하나의 이유일 것이다. 자신에 대한 기대가 높고 기회가 많은 젊은 시절에 비하여 현실적인 한계와 제약 조건이 많은 노후의 삶을 직시하고 준비하는 일은 정말 쉽지 않은 것 같다. 그래서 이 책을 읽으면서 '정말 많은 사람에게 비타민 같은 책이 나왔구나.'라는 생각을 했다. 은퇴 이후의 노년의 삶에 대한 지혜와 정보가 부족한 상황에서 국내 최고 노년 라이프스타일 전문가인 시에나파트너스의 3명의 저자 최학희, 조한종, 김신혜 파트너가 학습하고 느끼고 경험한 실용 노년학 서적의 발간을 진심으로 기쁘게 생각한다. 아마도 본 서적을 접하게 될 독자들은 은퇴 이후의 삶을 준비하는 중장년층이겠지만, 이미 노후의 삶을 매일 매일 살아가고 계시는 선배님들과도 이 책의 내용을 나누면서 그들의 지혜, 성찰, 반성, 후회의 내용이 채워졌으면 하는 바람이 든다.

더 나은 청춘 못지않게 더 나은 노년의 삶을 디자인하는 사람들이 많아졌으면 좋겠다. 시에나파트너스가 그들의 파트너와 플랫폼이 되길 기원한다.

## 이기호 | 한국시니어랩 대표

평생교육 100세 시대를 맞아 생애 재설계에 대한 니즈가 점점 높아지는 요즘 같은 때 출간된 본 도서는 시니어뿐만 아니라 노후 양질의 삶을 준비하는 모든 분에게 오아시스 같은 존재가 될 것이란 생각이 든다.

이 책의 재무적인 부분은 노후를 준비하는 독자들에게 현명한 자금 관리의 중요성을 강조하면서도, 복잡한 금융 지식을 쉽게 이해할 수 있는 방법을 제시한다. 노후에 대비하여 재정적으로 안정된 삶을 살기 원하는 분들에게 많은 도움이 될 것으로 확신한다.

또한 비재무적인 부분은 독자들에게 인생의 여정에서 깨어있는 인식과 긍정적인 태도를 통해 자아실현과 성공을 이루어나가는 데 도움을 주며, 현실적이고 인간적인 조언들을 통해 독자들의 인생을 긍정적으로 변화시키는 데 도움이 될 것이다. 인생의 성공과 행복을 추구하는 독자들에게 강력하게 추천하는 책이다.

# | 차례 |

# SENIOR

품격 있는 노년기를 위한 24가지 체크리스트

## 시니어 레거시

저자 조한종 · 김신혜 · 최학희

# LEGACY

## 1,000만 노인시대 당신의 인생 후반전,
## 품격 있는 노년기는 준비되었습니까?

# 1부

•

## 비재무적 측면의
## 품격, 어울림,
## 건강과 영성 모델

# 1. 사회적인 나이 듦(Social Aging)

## (1) [개인적 인연] 가족, 친척

### 사회적인 나이 듦(Social Aging)의 개념

사회적인 나이 듦은 개인이 사회적으로 어떻게 나이 들어가고 변화하는지를 설명한다. 나이 들어가며 가정, 지역사회, 국가적으로 역할과 책임이 달라진다. 나이 듦에 따른 개인 스스로의 인식과 사회에서 바라보는 인식의 변화가 수반된다. 예를 들어 어른으로서의 기대치를 가지며 어른으로서 역할을 주문하는 것이 인식의 변화를 담는 것이다.

사람들은 나이가 들어가면서 일부 사회적 역할에서 벗어나거나 새로운 역할을 맡게 된다. 그들이 속한 집단과의 관계와 상호작용 방식이 변화한다. 사회적인 나이 듦은 생물학적 노화(물리적, 생리학적, 인지적 변화)와 달리 개인이 사회적으로 변화하는 방식으로 나이 듦의 과정에서 경험하는 사회적 상호작용, 사회적 지위, 사회적 관계, 그리고 고령자 본인이 아닌 사람들과의 관계를 다룬다. 가족, 친척 같은 혈연적인 관계의 개인적 인연과 지역사회 또는 사회생활하며 맺은 이웃, 동료, 동무 같은 사회적 인연을 갖게 된다.

## 노년기에서 가족, 친척과의 관계 중요성과 의미

노년기에서 가족, 친척과의 관계는 매우 중요하다. 가족과 친척은 크고 작은 일상에서 적극적인 관여, 지원과 사회적 연결성을 제공하며, 노년기에서 건강하고 행복한 삶을 유지하는 데 큰 역할을 한다.

가족과의 관계는 노년기의 건강, 신체적 기능, 정신적 건강에 긍정적인 영향을 미칠 수 있다. 가족 구성원과의 긍정적인 관계는 스트레스를 줄이고 우울증을 예방하는 데 도움이 되며, 정서적 안정감과 지지감을 제공한다. 또한, 가족 구성원과의 관계는 노년기의 사회적 고립과 외로움을 방지할 수 있다. 가족과의 교류는 노인들의 일상생활에 대한 관심과 참여를 유지하는 데 도움이 되며, 노인들이 사회적으로 연결되어 있음을 스스로 느끼게 해 자존감을 부여하며 사회적 구성원으로서의 존재감, 역할에 긍정적인 영향을 미친다.

친척과의 관계 역시 가족과의 관계와 마찬가지로 중요하다. 젊은 세대보다는 기성세대들에게, 특히 노인들에게는 친척들이 갖는 소중함은 남다르다. 성장과정에서 다른 세대들의 경험하지 못한 어려운 세월의 풍화작용들이 공감대가 형성되어 있으며 때때로 서로에게 살아가게 하는 중요한 원천일 뿐만 아니라 삶의 풍요로움을 느낄 수 있도록 도와주는 관계의 출발점이다.

## (2) [사회적 인연] 동무, 이웃

## 노년기에서 이웃, 친구와의 관계 중요성과 의미

노년기에서 이웃과 친구와의 관계는 사회적 인연을 뜻한다. 사회적 인연으로 맺는 이웃과 친구는 고령자들에게 사회적 지지와 연결성을 제공하며, 개인적 인연처럼 역시 노년기에서 삶의 질을 높이는 데 큰 역할을 한다.

이웃과의 관계는 노인들이 사회적으로 연결되어 있음을 느끼게 하며, 사회적 고립과 외로움을 방지할 수 있다. 나이가 들수록 익숙한 장소, 환경, 분위기, 사람관계를 찾는 경향이 상대적으로 높다. 이러한 경향은 고령자 주거문화에서 소개되는 AIP[1], AIC[2], CIP[3], NORCs[4], AIRP[5] 등의 개념을 끌어냈다. 가능한 한 독립적으로 오랫동안 내가 익숙한 집 혹은 지역사회에서 자연스럽게 나이 들어가는 것이다. 이웃들은 가까운 거리에 있어서 접근하기 쉽고, 일상적인 교류를 통해 서로에게 필요한 지원과 동반활동을 할 수 있다. 이웃과의 교류는 노인들의 일상생활에서 느끼는 참여감과 삶의 의미를 높일 수 있는 것이다.

동무와의 관계 역시 이웃처럼 노년기에서 긍정적인 영향을 미친다. 동무들은 노인들에게 긍정적인 지지와 사회적 연결성을 제공하며, 노인들의 정서적 안정감을 높일 수 있다. 자칫 가족 구성원과의 관계뿐만 아니라 사회적인 연결성이 떨어지는 경향이 있는 노년기에 동무와의 관계는 가족, 친척이 하지 못하는 보완적인 역할을 하곤 한다. 노년기에 건강 문제, 가족 구성원의 사망, 고독감이 찾아올 때 동년배 동무들은 서로를 위로하고 지지해주며, 사회적인 연결성을 제공해주곤 한다.

또한, 동무와의 관계는 사회적으로 활동적인 노년기를 보내는 데도 도움이 된다. 동무들과 함께 여가 활동을 즐기거나 봉사활동을 하면서 사회적으로 활발한 삶을 유지하면 신체적 건강, 정서적 안정감과 더불어 성장과 발전에도 영향을 미친다. 동무와의 대화를 통

---

1) AIP(Aging in Place)는 고령자가 자신의 집에서 삶의 질을 유지하며 건강하고 안전한 삶을 영위할 수 있도록 돌봄(Care)과 지원을 집에서 받을 수 있도록 하는 것을 목표로 한다.

2) AIC(Aging in Community)는 고령자들이 자신들의 지역사회에서 건강하고 활기찬 삶을 유지할 수 있도록 익숙한 지역사회에서 삶을 계속 살아갈 수 있도록 필요한 다양한 지원과 서비스(돌봄, 여가문화활동, 사회적 연결 등)를 제공하는 것을 의미한다.

3) CIP(Caring in Place)는 고령자가 가정에서 건강하고 안전하게 살아가는데 필요한 건강관리, 의료서비스, 집안일과 생활 지원, 사회적 연결과 지원 등의 서비스를 제공하는 것을 의미한다.

4) NORCs(Naturally Occurring Retirement Communities)는 고령자 인구가 증가하는 지역사회로 원래 커뮤니티가 고령자를 위해 의도적으로 설계 혹은 건축된 것이 아니라 거주자들이 나이 들어가면서 고령자가 많아진 자연발생적 은퇴자 커뮤니티를 뜻한다.

5) AIRP(Aging in the Right Place)는 고령자들이 집과 지역사회에서 가능한 한 오래 살 수 있도록 지원하는 동시에, 고령자들이 사는 곳이 최적(최고로 적합)으로 나이 들어가도록 영향을 미치고 나름대로의 생활 방식과 취약성에 부합해야 한다는 것을 인식하는 것을 포함한다.

해 새로운 경험을 나누고 배우며, 서로의 삶을 보다 풍요하게 만들어갈 수 있도록 돕는다.

## 사회적 인연으로부터 사회적 우정 고민, 실천

노년기에 사회적 인연과 함께 사회적 우정을 고민하고 실천한다면 삶의 보람이 더해지고 관계의 만족도가 올라간다. 지역사회 봉사활동이나 문화활동 등 다양한 커뮤니티 활동에 참여하면서 사회적 인연을 만나 깊은 우정을 형성할 수 있다. 공통의 관심사를 가진 사람들이 참여하는 커뮤니티에서 함께 시간을 보내며 우정을 형성할 수도 있다. 디지털 세상, 인터넷이나 스마트폰을 이용해 다양한 온라인 커뮤니티에 참여하면서, 거리상으로 만나기 어려운 사람들과도 소통하고, 우정으로 발전할 수도 있다. 인생의 전반전에서 가족의 구성원들을 위한 삶을 최우선으로 갖고 살았다면 후반기와 노년기에는 고개를 들고 주변을 둘러보며 여유와 너그러움으로 관계를 배려하고 사회적 우정을 채울 수 있는 모습을 주변에서 더 많이 보게 된다.

# 2. 소명적인 나이 듦 (Vocational Aging)

## (1) [배움] 봉사활동 준비

### 소명적인 나이 듦(Vocational Aging)의 정의

세계적으로 유명한 노화 연구자인 Robert L. Kahn과 John W. Rowe가 제안한 노화의 성공적인 정의 중 하나이다. 성공적 노년기(Successful Aging)은 3가지 구성요소로 이루어져 있다. 첫째는 질적인 측면으로 건강한 삶, 둘째는 기능적인 측면으로 독립적인 삶, 셋째는 환경적인 측면으로 환경과의 적응이다. 여기서 '소명적인(Vocational)'은 기능적인 측면을 나타내는 것으로, 개인이 나이가 들어도 직장이나 다른 활동을 계속할 수 있도록 지원하는 것을 의미한다. 즉, 나이가 들어도 일하거나 다른 유익한 활동을 유지할 수 있다면, 성공적인 나이 듦으로 간주한다. 이는 경제적인 안정을 도모하면서 사회적으로 유익한 기능을 수행하는 것이 중요하다는 것을 나타낸다.

### 봉사활동 준비를 위한 배움과 실천

봉사활동을 하기 위해서는 미리 다양한 준비와 배움이 필요하다. 봉사활동은 개인적인 성취감과 만족감을 높이고, 사회적 네트워크를 확장하며, 새로운 기술과 경험을 습득할 수 있는 기회를 제공한다.

먼저, 봉사활동을 하기 전에 자신이 무엇을 할 수 있는지, 자신의 경험, 역량, 전문성, 기술, 네트워크와 관심사를 사전에 파악해야 한다. 이를 통해 어떤 종류의 봉사활동이 적합한지 생각해보거나 판단할 수 있다. 다음으로는, 봉사활동을 할 기관이나 단체를 찾아보는 것이 중요하다. 이를 위해서 인터넷 검색이나 자원봉사센터와 같은 자원을 활용할 수 있다. 봉사활동을 하기 전에는 해당 분야에 대한 교육이나 훈련을 받는 것을 추천한다. 예를 들어, 노인들과 함께하는 봉사활동을 하려면 노인의 신체적, 심리적, 사회적 특성에 대한 이해가 필요하므로, 노인 돌봄에 대한 교육이나 훈련을 받는 것이 실질적으로 도움이 된다. 마지막으로, 봉사활동을 하면서 습득한 경험과 기술을 기록하고, 이를 이력서나 자기소개서에 활용하는 것도 좋은 방법이다. 이를 통해 새로운 일자리나 기회를 찾을 때 유리한 상황에 놓이거나 상황을 만들어 갈 수 있다.

## (2) [나눔] 사회공헌활동 참여

### 나누기 위한 사회공헌활동 참여의 중요성

사회공헌활동 참여는 개인이 직장이나 다른 활동을 통해 사회적인 기능을 유지할 수 있도록 지원하는 것을 의미하는 것이다. 사회공헌활동은 다양한 형태로 이루어질 수 있으며, 노인들이 삶의 가치를 유지하고 사회적으로 활동적인 삶을 영위할 수 있도록 지원한다.

사회공헌활동에 참여함으로써 노인들은 자신의 능력과 경험을 활용하고, 사회에 기여함으로써 자존감을 확인하고 높일 수 있다. 또한, 이를 통해 사회적인 네트워크를 구축하고, 새로운 친구나 지인을 만날 수도 있어 관계의 확장을 가져온다. 또한, 사회공헌활동은 노인들의 인지능력과 신체적 능력을 유지하고 개선하는 데도 도움이 된다. 예를 들어, 정신적으로 활발하고 인지적으로 자극적인 활동은 인지능력의 유지와 개선에 도움이 되며,

체력적으로 활발한 활동은 신체적인 건강을 유지하고 개선하는 데 도움이 된다.

따라서, 사회공헌활동 참여는 노인들이 직장에서 일하는 것처럼 사회적으로 기능을 유지하고 삶의 질을 높이는 데 매우 중요하다. 노인들이 사회적으로 적극적인 삶을 영위할 수 있도록, 지역사회와 단체들이 노인들에게 참여할 수 있는 다양한 사회공헌활동을 제공하는 것이 필요하다.

## 앙코르잡, 앙코르커리어, 앙코르라이프

'앙코르잡(Encore job)'은 일반적으로 사람들이 공식적인 은퇴 이후에 다시 일하는 것을 의미한다. 이러한 일은 종종 사람들이 이전에 했던 일과는 다른 직업이 될 수 있다. 이를 통해 사람들은 새로운 경험과 지식을 얻을 수 있고, 더 많은 도전을 하며, 자신의 삶을 보다 의미 있게 만들 수 있다.

'앙코르커리어(Encore Career)[6]'는 사람들이 일생을 살면서 새로운 분야로 이직하는 것을 의미한다. 이러한 일은 종종 사람들이 이전에 했던 직업과는 전혀 다른 분야로 이동하는 것을 말한다. 이를 통해 사람들은 새로운 기술을 배우고, 새로운 도전을 받고, 자신의 경험과 지식을 새로운 분야에서 활용할 수 있다.

'앙코르라이프(Encore Life)'는 사람들이 일생을 다시 시작하는 것을 의미한다. 이는 종종 사람들이 퇴직이나 은퇴 이후에 새로운 삶의 방식을 선택하는 것을 말한다. 예를 들어, 새로운 지역으로 이사를 하거나, 새로운 취미를 가지거나, 새로운 사회공헌활동에 참여하는 등의 삶의 변화를 이른다. 이를 통해 사람들은 자신의 삶을 보다 풍부하게 만들고, 새로운 경험을 쌓을 수 있다.

---

6) 앙코르커리어(Encore Career)는 인생의 후반기에 잘하는 일의 영역의 연장선이나 혹은 새로운 직업을 찾거나, 이전 직업과 다른 분야에서 새로운 경험을 쌓으며 사회적 이슈, 문제 해결 등에 기여하는 새로운 경력을 시작하는 것이다. 자신이 참여하는 '의미 있는 일'을 통해 지역사회나 세상에 긍정적인 영향을 미치고 새로운 경험과 기술을 배우며, 일생의 후반기에 열정을 발휘하며 보람을 찾는 것을 의미한다.

이러한 '앙코르잡', '앙코르커리어', '앙코르라이프'는 일생의 다양한 단계에서 사람들이 자신의 삶을 새롭게 시작하고, 더욱 의미 있게 만드는 방법을 제시한다. 이는 개인적인 성취감을 높이고, 사회적으로 기여하며, 더욱 삶의 가치를 높이는 데 도움이 된다.

앙코르커리어 개념은 비영리민간단체 Encore.org[앙코르닷오르그 2007년 설립, 舊 시빅 벤처스(Civic Ventures)로 1997년 시작]의 설립자이자 CEO인 마크 프리드먼(Marc Freedman)이 주창한 것으로 "앙코르 : 오래 일하며 사는 희망의 인생설계(원제 : Encore : How Baby Boomers Are Inventing the Next Stage of Work)" 책자를 통해 널리 알려졌으며 "The Big Shift ; 100세 시대 중년 이후 인생의 재구성" 책을 통해 발전되었다.

[앙코르, 프런티어(2009)]

# 3. 영성적인 나이 듦
# (Spiritual Aging)

## (1) [영성] 영성 추구와 종교 활동

### 영성적인 나이 듦(Spiritual Aging)의 정의

매더(Mather)의 성공적 노년기(Successful Aging)란 개념에서 '영성적인(Spiritual)'은 종교와 관련된 것뿐만 아니라, 내적으로 의미 있는 삶과 관련된 것을 말한다. 매더(Mather)는 성공적 노년기를 '신체적, 인지적, 사회적 기능이 유지되는 동안 개인의 본질적인 가치와 인간성이 존중되고 발전하는 과정'으로 정의한다. 따라서 '영성적인'은 종교적인 것뿐만 아니라, 인간의 본질과 가치, 의미 있는 관계, 사회적 연결, 그리고 내적 성장 등과 관련된 것을 의미한다. 이러한 개념들이 성공적 노년기를 이루는 중요한 구성요소로 간주한다.

영성적인 나이 듦은 노인들에게 매우 중요한 이유가 있다. 노인들은 종종 자신의 삶과 죽음에 대한 진지한 고민을 하게 된다. 이때, 종교나 철학적인 신념이나 내적인 가치관을 바탕으로 자신의 인생의 의미를 새롭게 이해하고 그 의미를 깨우치는 데 도움이 된다.

종교나 영성은 사회적인 연대감을 형성하고 공동체 활동을 통해 서로를 지지하고 돌봐줄 수 있는 기회를 제공한다. 영성을 가진 노인들은 더 긍정적인 마인드와 감정 상태를 유지할 가능성이 높다. 영성은 노인들이 자신의 인생을 긍정적으로 인식하고 세상을 더 긍정적인 눈으로 바라보게 해준다.

종교나 영성은 노인들이 건강한 라이프스타일을 유지하는 데에도 도움이 된다. 예를 들어, 명상이나 기도 등의 종교적인 실천은 스트레스와 불안을 줄이는 데 도움이 되며, 이는 노인들이 건강하고 안정된 삶을 유지하는 데에도 큰 도움이 된다. 이러한 이유로 인해, 영성이나 종교는 노인들의 삶의 질과 행복감을 높이는 중요한 역할을 한다.

## 종교와 영성의 차이, 교집합과 합집합

종교는 일반적으로 믿음, 신앙, 예배, 윤리, 사례 등을 중심으로 한 일련의 실천, 전통, 규범, 세례, 교리 등을 포함하는 집단적인 활동을 의미한다. 종교는 종종 신앙, 명상, 기도, 교리 등의 규범적인 활동을 통해 이루어지며, 이러한 활동들은 보통 특정 종교단체나 교회, 절 등에서 이루어진다.

영성은 개인적인 성장과 삶의 의미를 찾아가는 과정을 의미한다. 영성은 종교적인 것과 무관하게 개인이 자신 삶의 목적, 가치, 의미, 존재의 이유 등을 탐구하고 이를 깨닫는 과정을 이른다. 이러한 과정은 종종 명상, 치유, 긍정적인 마인드, 자아개발 등의 개인적인 활동을 포함한다.

따라서 종교는 대개 집단적인 신앙생활과 활동을 중심으로 한다면, 영성은 개인적인 삶의 의미를 찾아가는 과정으로서 종교적인 것과 무관할 수도 있다. 그러나 종교와 영성은 서로 유사한 측면을 가지기도 하며, 종종 상호 보완적인 역할을 한다. 종교와 영성은 삶의 의미와 목적, 그리고 불확실성과 죽음에 대한 불안감과 두려움 등을 다루는 데 큰 역할을 한다.

종교는 노인들에게 자신의 삶과 사람들과의 관계, 그리고 대인관계를 개선하는 데 도움을 줄 수 있다. 종교적 신념을 갖는 노인들은 자신의 삶에 대해 더욱 긍정적이고 의미 있는 시각을 갖게 되고, 또한 자신의 삶이 종교관에 따라 흐르는 것으로 믿음으로써 더욱 안정감을 얻을 수 있다.

영성은 종교와 밀접한 연관이 있지만, 개인적인 성장과 깊은 내면의 평화를 추구하는 것으로 정의된다. 영성적인 실천은 명상, 기도, 자기 관찰 등 다양한 방법으로 이루어질 수 있다. 노인들은 이러한 영성적인 실천을 통해 자신의 내면에 집중하고, 삶의 의미와 목적에 대한 새로운 시각을 얻을 수 있다.

## (2) [유산] 품위 있는 죽음과 유산(Legacy)

### 품위 있는 죽음(Well Dying) 준비

품위 있는 죽음은 개인의 삶과 죽음에 대한 마지막 순간을 존경과 존중을 가지고 대하는 것이다. 이는 삶의 마무리를 어떻게 다루는가에 대한 철학적인 관점을 내포하며, 죽음의 자연스러움과 존엄성을 강조한다. 품위 있는 죽음은 개인의 삶의 목표와 가치에 따라 다르게 이해될 수 있다. 그러나 일반적으로는 자연스러운 죽음을 맞이하면서도, 자신의 삶을 돌아보고, 자기 존엄성을 지켜가며 삶의 끝을 맞이하는 것으로 이해된다.

이러한 품위 있는 죽음은 개인의 삶에 대한 긍정적인 인식과 자존감을 높여준다. 또한, 그것은 가족이나 친구들과 함께 삶의 마무리를 잘 마무리 할 수 있는 기회를 제공한다. 이것은 그들에게 추모와 감사의 마음을 표현할 수 있는 기회를 주며, 향수와 추억에 대한 기회를 제공한다.

따라서, 품위 있는 죽음은 개인과 그 주변의 사람들 모두에게 큰 의미와 중요성을 가진다. 그것은 삶과 죽음에 대한 자연스러운 과정을 존중하고, 존엄하게 다루는 것으로, 인간의 존엄성을 보호하고 존중하는 데 기여한다.

## 호스피스케어(Hospice Care)의 실천

연명치료는 임종 환자에게 인공적인 수단을 통해 생명을 연장시키는 의료적 처리이다. 그러나 연명치료는 종종 환자의 삶의 질을 저하시키고, 불필요한 고통을 유발할 수도 있다. 따라서, 환자가 삶의 질을 중시한다면, 연명치료를 거부하는 선택을 할 수 있다.

호스피스케어[7]는 임종 환자와 그 가족을 위한 종합적인 치료이다. 환자와 가족들이 함께 있는 쾌적한 환경에서 마지막 날들을 보낼 수 있도록 돕는 것이다. 이는 환자의 죽음과 관련된 신체적, 정서적, 사회적, 영적 측면에서의 요구를 충족시키기 위해 수행된다.

연명치료 거부와 호스피스케어의 실천은 환자의 삶과 죽음에 대한 자율성과 존엄성을 보호하고 존중하는 것이다. 환자는 자신의 삶의 마무리에 대해 스스로 결정할 수 있으며, 자신의 삶에 대한 책임감을 가질 수 있다. 호스피스케어는 환자와 가족의 정서적인 요구를 충족시켜주며, 마음의 평화를 유지하도록 돕는다.

또한, 연명치료 거부와 호스피스케어는 의료 윤리적인 문제와 관련이 있다. 의사들은 환자의 의사결정을 존중하고, 환자의 삶과 죽음에 대한 개인적인 가치관과 신념을 고려해야 한다. 이는 의사의 자율성과 책임감을 강조하며, 의료 혁신과 발전을 이루기 위한 필수적인 과정이다.

따라서, 연명치료 거부와 호스피스케어의 실천은 환자와 가족, 의료진의 존엄성과 자율성을 보호하고, 삶과 죽음에 대한 개인적인 가치관을 존중하는 것으로 매우 의미가 있다.

---

7) 호스피스케어란 악성 질환에 걸려서 치유의 가능성이 없고, 진행된 상태 또는 말기 상태에 있는 환자와 그 가족이 죽을 때까지 남겨진 시간의 의미를 발견해서 그 시간을 충실히 살아가도록 배려하는 광범위한 치료이다.

# 레거시(Legacy) 의미와 나의 유산

조부모님의 죽음은 가족들에게 깊은 슬픔을 안겨주지만, 손주들에게 그들의 삶에서 사라져버린 조부모님의 모습과 추억은 소중한 기억이다. 손주들은 살아생전 조부모님의 모습들 중에서 온순하고 따뜻한 성격, 밝은 웃음과 이야기, 음식과 함께 한 추억, 가족과 함께 한 시간, 지혜로운 조언 등을 주로 떠올린다. '조부모님은 언제나 웃으며 주변 사람들을 따뜻하게 대해주었고, 어려움을 겪을 때는 조언과 위로를 해주셨다.', '어려운 상황에서도 밝은 모습으로 대처하며, 가족들과 함께 이야기를 나누며 즐거운 시간을 보내주셨다.', '조부모님의 손맛이 그리워지며, 그들이 만든 음식을 먹으면서 추억을 떠올리곤 한다.', '가족들과 함께 여행을 가거나, 휴일에는 가족들끼리 모여서 시간을 보내곤 했다.', '가족들에게 조언을 해주며, 어려운 상황에서도 현명한 결정을 내리는 데 도움을 주셨다.'와 같은 생각들을 말이다.

노인이 죽으면서 남기는 레거시(Legacy, 유산)는 무형의 자산으로 그들이 사는 동안 행한 일, 그들의 가치관, 생각, 지혜, 그리고 그들이 주변 사람들에게 미치는 영향 등과 같은 것들을 말한다. 이러한 레거시는 노인이 남기는 유산 중 가장 영구적인 것 중 하나이다.

레거시의 의미는 각자 노인마다 다를 수 있다. 예를 들어, 노인이 그동안 삶에서 겪은 경험과 지혜를 자녀나 손자녀와 공유한다면, 그들은 그 노인으로부터 많은 것을 배울 수 있다. 또한, 노인이 자신의 가치관을 전달하면서 가족, 주변 이들에게 영감을 주거나, 그들의 삶에서 방향성을 제시하는 것도 무형의 레거시이다. 레거시는 노인이 죽은 후에도 그들의 존재감이 남아, 그들의 가치와 영향력을 계속해서 전달할 수 있다. 이는 가족, 친구, 지역사회, 그리고 사회 전반에 영향을 미치게 된다. 그들이 남긴 레거시는 사람들이 노인들의 삶을 회상하며, 그들의 존엄성과 가치를 기억하는 데 큰 역할을 한다.

따라서, 노인이 죽으면서 남기는 레거시는 그들이 살아온 삶의 중요성을 인정하고, 그들이 그동안 살아온 삶에서 얻은 가치를 지속적으로 전달함으로써, 노인들이 남긴 가치를 영원히 기억하게 해주는 것이다. 이는 우리가 살아가는 데 큰 도움이 되며, 우리가 노년에 접어들었을 때, 우리 자신의 레거시를 생각하게 만들어 줄 수도 있다. 어떤 레거시를 남기고 싶은가? 남길 것인가? 사람들은 나를 어떤 사람으로 기억할까? 추모할까?

# 4. 지성적인 나이 듦 (Intellectual Aging)

## (1) [평생학습] 지적 호기심과 끊임없는 성장

### 지성적인 나이 듦(Intellectual Aging)의 정의

지성적인 나이 듦(Intellectual Aging)은 고령자가 나이 듦의 과정에서 계속해서 학습하고 지적으로 성장하는 것을 추구하는 것을 의미한다. 이는 일반적으로 생애에 걸쳐 사람들이 경험하는 "인지 발달"의 일환으로, 지적 호기심과 학습 열망이 지속되며, 새로운 경험과 지식을 흡수하고 습득하며 지적으로 성장해 나가는 것을 말한다.

지성적인 나이 듦은 나이 들어가는 과정에서 고령자가 삶의 질을 유지하며 건강한 뇌 기능을 유지하는 데 중요한 역할을 한다. 학습과 지적 활동은 뇌를 활성화시켜 인지기능을 개선하고, 나이 듦의 과정으로 인한 인지기능의 감소를 늦추거나 예방하는 데 도움을 줄 수 있을 뿐만 아니라 고령자 개인의 자아실현을 도울 수 있는 방법 중 하나이다.

### 평생학습(Lifelong Learning)으로 끊임없는 도전과 함께 성장

평생학습(Lifelong Learning)은 사람이 인생 전체에서 지식, 기술, 경험, 인식 등을 지속적으로 습득하고 개발하는 것을 말하는 것으로 고령자들에게도 평생학습은 지성적인 나이 듦을 추구하기 위해 절대적으로 중요하다. 고령자들은 노화에 따른 인지기능 감소와 신체적 약화 등의 문제가 발생할 수 있으며, 이는 학습 능력에도 영향을 미칠 수 있는데 평생학습을 통해 고령자들이 지적인 활동과 사회적 상호작용을 수반한다면 노화로 인한 인지기능의 감소를 예방하고, 삶의 질을 향상시키는데 도움을 줄 수 있다.

또한, 평생학습은 고령자들이 새로운 기술과 지식을 습득하며, 새로운 취미나 관심사를 개발하고, 사회적 연결성을 유지하며, 자아실현과 성취감을 느끼는 데 도움을 줄 수 있다. 더불어 평생학습으로 고령자들은 경제적인 생활을 계속 영위하거나, 지식과 경험을 기반으로 지역사회나 사회 전반에 기여할 수도 있다. 가정과 지역사회, 정부 차원에서 동시에 고령자들의 평생교육을 지원하고 활성화하는 것이 필요하다.

평생학습의 전달체계에서 대학이 갖고 있는 풍부한 인프라와 다양한 콘텐츠는 대학교에 기반한 은퇴자커뮤니티(UBRCs[8])의 활용으로 이어진다. UBRCs는 고령자들이 대학과의 상호작용을 통해 삶의 질을 높이고 지적 호기심과 자기계발을 유지할 수 있도록 지원하는 것을 목적으로 한다. UBRCs는 고령자들이 대학과 지역사회와 밀접하게 연결되며, 사회적 상호작용과 지역사회 참여를 촉진하는데도 기여한다.

UBRCs는 고령자 거주 커뮤니티의 기존 모델과는 다르게, 대학 교육과 문화 프로그램에 참여하고 대학 시설을 이용할 수 있는 것을 강점으로 내세우며, 대학 교수 및 학생들과의 상호작용을 통해 지적 활동과 자아실현을 지원하는 것이 특징이다. UBRCs는 미국에서 시작했고 일본에서는 칼리지링크형 실버주택(College Link형 고령자주거문화)으로 적용되고 있으며 우리나라에서도 건국대학교, 명지대학교 등에서 적용되고 있다. 미국의 대학교들이 방학 동안 도서관, 식당, 강의실 등이 유휴시설이 되어 상대적으로 고령자에게 더 개방적이고 접근하기 쉬운 장점이 있다면 우리나라는 대중교통이 발달되어 있고 고령자들에게 교통비가 할인 혹은 면제되는 장점을 활용해 상대적으로 많은 시간을 활용해 고령자들이 거주지 가까이 혹은 익숙한 대학교에서 평생학습을 지향한다는 것은 바람직한 것으로 보인다.

---

8) UBRCs(University Based Retirement Communities)는 대학교가 운영하는 고령자 거주 커뮤니티를 말하며, 고령자들이 대학 교육 및 문화 프로그램, 대학 시설 및 자원을 이용하도록 돕는다.

## (2) [디지털 라이프] 디지털 전환과 스마트 에이징

### 디지털 라이프와 스마트 에이징(Smart Aging)의 의미

정보화사회로 스마트폰, 노트북, 게임 등이 고령자들의 일상에도 자연스럽고 보편적인 일상이 된지 오래다. 스마트 에이징(Smart Aging)은 인간의 노화 과정에서 필요한 지원을 제공하기 위해 스마트 기술을 활용하는 것을 말한다. 스마트 에이징은 건강관리, 의료, 안전, 복지 등 다양한 분야에서 활용된다. 스마트폰, 스마트 시계나 건강앱을 사용해 건강 상태를 모니터링하고, 건강한 생활습관을 유지하는 것이 스마트 에이징의 예이다. 또한, 스마트 홈 기술을 이용해 고령자가 더 안전하고 편리하게 일상생활을 할 수 있도록 도와주는 것도 스마트 에이징의 대표적인 예이다.

스마트 에이징은 고령자 삶의 질을 향상시키기 위해 개발되었다. 고령자들은 건강문제, 사회적 고립, 인지장애 등의 문제로 삶의 질이 저하될 수 있는데 이러한 문제를 해결하기 위해 스마트 에이징은 고령자의 건강관리, 활동성, 사회적 연결성, 안전 등을 개선할 수 있도록 다양한 기술을 제공한다. 이를 통해 고령자들이 더 적극적으로 사회와 소통하며, 건강하고 안전한 삶을 유지할 수 있도록 도와준다.

### 디지털 전환과 3가지 기대효과

전통적인 비즈니스 모델이 디지털 기술을 통해 혁신되는 과정인 디지털 전환(Digital Transformation)[9]은 기업이나 조직에 더욱 빠르고 효율적인 일 처리와 고객에게 더 나은 서비스를 제공할 수 있는 기술의 발전을 가져왔다.

고령자의 삶에 대해서도 스마트폰, 태블릿, 노트북 등의 디지털 기기가 등장함으로써 고

---

9) 디지털 전환(Digital Transformation)은 기존의 비디오, 오디오, 이미지 등의 아날로그 방식을 디지털 기술로 대체하고, 전체적인 비즈니스 프로세스와 모든 측면에서 디지털 기술을 활용하는 것을 의미한다. 조직이나 기업은 디지털 기술 적극적 활용, 새로운 디지털 기술의 도입, 데이터 분석, 인공지능, 머신러닝, 자동화 등 다양한 기술의 적극 활용으로 기존 비즈니스 모델을 혁신하거나, 새로운 비즈니스 모델을 창출할 수 있는 기회를 살린다. 또한, 고객과의 상호작용이나 제품, 서비스 개발 및 제공 방식 등을 개선해 더 나은 경험을 제공할 수 있다.

령자들이 쉽게 정보를 얻고, 커뮤니케이션을 할 수 있게 해주었다. 또한, 고령자들이 인터넷 쇼핑이나 모바일 결제 등 디지털 서비스 이용으로 더 편리하게 쇼핑을 할 수 있게 되었다.

그러나 아날로그 세대인 고령자들은 디지털 기술에 대한 부담이 크기 때문에, 디지털 기술의 활용이 전체적으로 미진한 실정이고 이러한 문제를 해결하기 위해서 고령자들이 디지털 기술을 보다 쉽고 편리하게 사용할 수 있도록 지원해주는 인프라와 교육이 필요할 뿐더러 디지털 서비스나 제품 개발 시 고령자들의 특성을 고려해 설계해야 한다.

따라서 디지털 전환에 따른 노인들의 삶의 질을 향상시키기 위한 기술 활용을 다루는 학문 분야인 기술노년학(Gerontechnology)[10]이 최근 들어 더 부각 되었다. 기술노년학은 고령자들이 일상적으로 사용하는 기술에 대한 연구뿐만 아니라 고령자들의 다양한 요구, 욕구에 맞춘 기술의 개발과 적용에도 초점을 둔다.

기술노년학의 역할은 고령자들의 삶의 질을 향상시키고, 의료산업에 대한 부담을 감소시키며 경제 성장에도 기여한다. 나아가 사회적 자본으로서의 고령자의 역할을 증진시킨다. 기술노년학은 고령자들이 일상생활에서 보다 쉽게 활동하고, 더 많은 자유와 독립성을 누리며 더 나은 삶의 질을 가질 수 있도록 돕는다. 건강문제로 인해 국가재정, 가정경제, 의료산업 등에 많은 부담을 주는 고령자들이 건강하게 지내도록 도와 부담을 감소시킬 수 있다. 또한, 고령자 인구가 증가하면서 기술노년학은 시니어비즈니스에서의 기회를 창출하고, 경제성장을 촉진하는 역할을 하며 고령자들이 사회적 자본의 일원으로서 활동하고 참여할 수 있도록 돕는다.

결국, 디지털 전환과 기술노년학의 적용으로 기술진화의 혜택은 고령자들과 그 가족, 정부와 지역사회에 건강, 여가, 커뮤니케이션 관점에서 다루어지게 된다.

---

10) 기술노년학(Gerontechnology)은 노년공학, 제론테크놀로지라고도 불리며 고령자들이 더 나은 삶의 질을 유지하고, 독립적으로 생활할 수 있도록 기술을 적용하는 학문 분야로 주로 건강, 안전, 의료, 컴퓨터 기술, 통신 등 다양한 기술을 활용해 고령자들의 삶의 질을 향상시키기 위한 기술을 개발하고, 적용하는 것을 목표로 한다. 기술노년학은 고령자들이 기술을 적극적으로 활용하고, 디지털 리터러시를 향상시키는 것도 중요한 목표 중 하나로 고령자들이 디지털 기기를 통해 디지털 세상에서 더욱 적극적으로 참여하고, 소통하며, 삶의 질을 높일 수 있도록 지원하고 있다.

# 5. 감정적인 나이 듦
# (Emotional Aging)

## (1) [정서적 건강] 평정심과 평상심 유지

### 감정적인 나이 듦(Emotional Aging)의 정의

감정적인 나이 듦(Emotional Aging)은 인간의 감정이나 정서적 상태에 영향을 주는 나이 듦의 과정을 의미한다. 일반적으로 생물학적인 나이 듦과 구분되며, 개인의 인지능력, 생리학적 변화, 사회적 요인, 인간관계, 개인적 경험 등이 감정적인 나이 듦에 영향을 미친다.

감정적인 나이 듦은 다양한 형태로 나타날 수 있다. 예를 들어, 어떤 사람은 연령에 비해 상대적으로 긍정적인 감정을 느끼는 반면, 다른 사람은 부정적인 감정이 지속적으로 나타날 수 있는데 이러한 차이는 다양한 요인에 의해 결정되며 개인의 생활환경과 성장상황, 성격, 지적 능력 등이 영향을 미친다.

감정적인 나이 듦은 건강과 질병, 인간관계, 생활만족도 등과 깊이 관련되어 있어서 감정적인 나이 듦을 이해하고 이를 관리하는 것은 노화 과정에서 행복하고 건강한 삶을 살기 위해 매우 중요하다.

감정적인 나이 듦에서 평정심과 평상심은 아무리 강조해도 지나침이 없다. 평정심은 감정을 조절하고 관리하는 능력을 의미하는데 노년기에는 건강문제나 가족관계, 사회적 지위의 변화 등으로 인해 감정적인 변화가 크게 일어난다. 평정심이 있다면, 이러한 감정적인 변화에 대처할 수 있으며, 감정에 지배되지 않고 상황을 잘 판단할 수 있다. 또한, 평정심이 있는 고령자는 자신의 감정을 효과적으로 표현하고, 대인관계를 유지하는 데 도움이 된다. 배우나, 자녀, 손주, 친구, 취미·여가와 자원봉사 등에서 만나는 인연 모두와의 대인관계는 건강 유지의 빼놓을 수 없는 요소이다.

더불어 평상심은 일상적인 삶에서 자신을 유지하고, 관리하는 능력을 의미하는데 노년기에는 일상생활에서의 불편함이나 건강문제, 사회적인 변화 등으로 인해 자신의 삶에 대한 불안감이 증가할 수 있다. 이때, 평상심을 유지하면 일상생활을 조금 더 쉽게 관리하고, 자신의 삶에 대한 만족도를 높일 수 있다. 평정심과 평상심은 고령자들이 건강하고 행복한 노후를 보낼 수 있도록 도와주며, 대인관계와 일상생활에서의 문제를 더 효과적으로 해결할 수 있도록 돕는다.

## 평생학습(Lifelong Learning), 여행, 커뮤니티와 정서적 건강

고령자들이 여가를 보내는 대표적 트렌드 2가지는 여행하면서 공부하고 친구 사귀는 여행학습모델(Travel+Study Model)과 한 곳에서 먹고 배우고 어울리며 원하는 욕구를 다 충족하는 복합문화공간모델(Cafe+Culture Model)이다. 두 가지 모델의 공통점은 평생학습을 추구하고 커뮤니티 활동으로 친구를 사귄다는 것이다.

정서적 건강이 모든 세대들에게 필요하다지만 특별히 고령자들에게 중요한 것은 익숙한 제3의 아지트에서 같이 먹고 배우고 어울리며 커뮤니티 활동을 통해 소속감을 느끼고 키우는 동안 정서적 건강으로부터 육체적 건강으로 이어질 수 있는 효과를 기대하고 싶기 때문이다.

여행학습모델의 대표적인 모델로 미국에서는 고령자를 위한 엘더호스텔(Elderhostel)[11]이 있고, 나이 들어가는 베이비붐세대(Aging Boomers)를 위한 로드스칼러(Road Scholar)[12]로 성장해 가고 있으며, 유럽에서는 U3A(The University of 3rd Age)[13]라는 프로그램이 중장년, 고령자를 위한 보편적인 프로그램으로 자리 잡아 왔다. 우리나라 역시 로드스칼러, U3A가 우리나라 문화, 정서에 맞게 접목되어 다양한 프로그램으로 기획, 운영되고 있다.

복합문화공간의 대표적 모델은 미국의 비영리민간단체인 매더(Mather)가 시도했던 매더스모어댄어카페(Mather's More Than A Cafe)[14]이다. 카페, 캠퍼스, 커뮤니티(Cafe+Campus+Community) 기능을 한 곳에서 원스톱서비스가 기획, 제공되고 고령자들의 활동 시간, 범위에 최적화해 공간 구획과 서비스디자인을 한 '실버 버전 스타벅스'라는 별칭을 들은 고령자를 위한 복합문화공간이었다. 고령자들을 위한 공간과 서비스에는 무엇보다 '음식, 즐거움, 친구'라는 가치들을 담고 지향해야 한다고 해서 3F(Food+Fun+Friendship)와 먹으며 함께 하는 즐거움의 이터테인먼트(Eatertainment=Eat+Entertainment)에 집중했다.

---

11) 엘더호스텔(Elderhostel)은 미국의 비영리기관인 로드스칼러(Road Scholar)가 운영하는 프로그램으로, 55세 이상의 성인을 대상으로 교육 여행을 제공하며 일반적으로 약 일주일에서 2주간의 여행을 통해 참가자들이 다양한 주제를 다루는 강연, 문화, 예술 및 역사에 관한 프로그램에 참여하면서 여행을 즐길 수 있다. 또한, 지역 문화와 역사를 탐험하는 다양한 활동을 즐길 수 있다.

12) 로드스칼러(Road Scholar)는 미국의 비영리교육기관으로, 주로 55세 이상의 성인들을 대상으로 교육 여행 프로그램을 운영한다. 이전에는 엘더호스텔(Elderhostel)이라는 이름으로 운영되었으며, 1975년에 창설되어 현재까지 50년 이상의 역사를 가지고 있다. 전 세계에서 수많은 교육 여행 프로그램을 제공하고 참가자들은 문화, 예술, 역사, 과학, 환경 등 다양한 주제에 대해 배울 수 있으며 교육적, 문화적, 사회적 측면에서 참가자들에게 많은 이점을 제공한다.

13) U3A(The University of the 3rd Age)는 50세 이상의 어른들이 자발적으로 모여서 지식과 기술을 공유하고, 새로운 취미나 관심사를 발견하며 활동을 즐길 수 있는 교육 기반의 비영리단체로, 매우 다양한 주제와 활동을 포함하고 있고 참여자들이 언어, 문학, 예술, 역사, 철학, 컴퓨터 기술, 스포츠 등의 분야에서 새로운 지식과 기술을 습득할 수 있다. U3A의 특징은 참여자들이 서로 도우며, 지식과 기술 공유를 통해 자신들의 능력과 지식을 살리면서, 협동과 친밀감을 기반으로 한 사회적인 활동을 촉진하며 지역사회 기반으로 참여자들이 서로 지원하고 돕는 지역사회의 역할도 수행한다.

14) 매더스모어댄어카페(Mather's More Than A Cafe)는 미국 시카고에 본사를 둔 비영리단체인 매더(Mather)가 운영하는 고령자 타깃 카페 프랜차이즈로 고령자들이 사회적으로 활발하게 참여하고, 지역사회와 연결되는 장소로 활용된다. 음식점으로써의 역할뿐만 아니라, 다양한 문화행사나 커뮤니티 프로그램을 제공하며 공연, 강연, 예술 전시회, 건강 강좌 등의 문화행사와, 클럽 활동, 게임, 책읽기 모임, 컴퓨터 교육 등의 다양한 커뮤니티 프로그램도 운영한다.

고령자들을 위한 여행학습모델과 복합문화공간모델은 나아가 전 세계에 다양한 방식으로 오감, 친구, 평생학습에 대한 고령자들의 갈증을 채우며 성장해 왔다. 활동적인 고령자들이 원하는 언어학습과 활용의 기회를 살린 러닝트래블러(The Learning Traveller)[15]와 트레킹, 하이킹 등 어드벤처프로그램인 엘더트렉(ElderTreks)[16], 복합문화공간으로부터 출발해 여행학습모델까지 적용한 일본의 클럽투어리즘(Club Tourism)[17]은 고령자들이 여가에서 무엇을 얻고 싶고 지속적으로 추구하고 싶은지를 잘 보여주고 있다.

|  | |
|---|---|
| 로드스칼러<br>(Road Scholar) | U3A<br>(The University of the 3rd Age) |
|  |  |
| 러닝트래블러<br>(The Learning Traveller) | 엘더트렉<br>(ElderTreks) |

15) 러닝트래블러(The Learning Traveller)는 여행을 통해 새로운 지식과 경험을 얻으며 자기계발을 추구하는 프로그램으로 기존의 여행자들과는 달리 단순한 휴양이나 관광 목적으로 여행을 떠나는 것이 아니라, 현지 문화와 역사, 예술 등을 배우고 체험하며 성장하는 것을 목표로 한다. 외국어나 요리, 예술, 역사, 자연 등 다양한 분야에서 학습할 수 있는 프로그램을 선택해 전문가나 지역 주민과 함께 문화 교류나 체험을 하며, 새로운 지식과 경험을 쌓아 나간다.

16) 엘더트렉(ElderTreks)은 50세 이상의 성인들을 대상으로 어드벤처 여행 프로그램을 제공하는 회사로 1987년에 캐나다에서 설립되었는데 세계 각지의 자연과 문화를 체험하며 삶의 질을 향상시키는 것을 목표로 트레킹, 하이킹, 사파리, 래프팅, 승마, 스노클링 등의 활동을 포함한 다양한 어드벤처 여행을 제공한다. 전문적인 가이드의 도움으로 아마존 정글에서의 여행, 탄자니아에서의 사파리 등 일상에서 경험하기 어려운 자연과 문화를 체험하는 활기찬 삶을 지원한다.

17) 클럽투어리즘(Club Tourism)은 일본에서 가장 오래된 여행사 중 하나로, 1981년에 설립되었으며 일본의 고령자들을 대상으로 다양한 여행상품을 제공하고 있다. 일본 국내외여행 중에 전문적인 가이드가 동행해 안전하고 즐거운 여행을 즐길 수 있도록 도와주고 전 세계의 다양한 국가와 지역으로의 여행프로그램을 제공하고 있다.

| 클럽투어리즘<br>(Club Tourism) | 매더스모어댄어카페<br>(Mather's More Than A Cafe) |

## (2) [소통과 공감] 천진난만함과 유치함 추구

### 세대소통 공감(Intergenerational Communication)의 정의와 의미

글로벌 고령화현상이 일상화되면서 복지에서 주목하는 키워드는 3가지이다. '가족통합 (Integenerational Families)', '세대소통과 공감(Intergenerational Communication)', '상호문화(다문화)(Inter-Culturalism)'인데 모두 서로에 대한 이해와 배려를 생각하고 실천하는 소통과 공감이 중요하다는 가치를 담고 있다.

고령자들에게 가족통합이 중요한 이유는 사회적 고독감 완화, 건강한 식사와 관리, 의료지원 및 건강관리, 정서적 안정감, 경제적 지원 등이 있는데, 특히 정서적 안정감을 강조하고 싶고 가족과의 소통과 공감으로부터 고령자들은 안정감을 느낄 수 있다. 가족 구성원들과 함께하는 시간을 즐기며 배우자, 자녀들, 손주들과 함께하는 소중한 추억을 통해 노년기를 살아가는 힘을 얻는다.

가족은 물론 사회에서 다른 세대와 교류, 소통을 통해 공감하는 것이 고령자들에게 꼭 필요한 복지의 최우선 가치이다. 세대 간 소통과 공감은 서로 다른 연령대의 사람들이 서로의 생각, 감정, 경험 등을 이해하고 공유하는 것을 말하는데 이러한 소통과 공감은 다양한 방식으로 이루어질 수 있으며, 인간관계의 중요한 부분 중 하나이다.

세대 간 소통과 공감은 사회적 관계를 형성하고 유지하는 데 매우 중요하며 서로 다른 연령대의 사람들이 이해하고 공유함으로써, 상호 간의 존중과 신뢰를 쌓을 수 있고 그로 인해 사회적인 연대와 유대감을 형성할 수 있다. 또한, 세대 간 소통과 공감은 다양성을 인정하고 존중하는 데에도 중요한 역할을 하기에 세대 간 갈등을 해소하고, 상호 간의 협력과 협의를 도모하는 데도 기여한다. 고령자들과의 세대 간 소통, 공감을 통해 다른 세대들은 인내심(Patience), 지혜(Wisdom), 좋은 태도(Better Attitude)를 배울 수 있다고 세대 간 소통을 돕는 미국의 비영리법인 지유(GU ; Generations United)[18]는 비전에서 강조하고 있다. 세대 간 소통과 공감을 지원하는 사례로 미국의 제너레이션스오브호프 (Generations of Hope)[19], 얼라이언스포칠드런앤패밀리즈(Alliance for Children and Families)[20] 등의 활동 사례를 주목해 볼 것을 추천한다.

글로벌 고령사회에서 상호문화(다문화)를 통한 소통과 공감이 고령자들에게 갖는 의미 또한 아무리 강조해도 지나치지 않다. 이미 한국의 농촌지역은 초고령사회(Super Aged Society)[21]가 된 지 오래고 부산광역시 같은 대도시도 이미 초고령사회에 진입했다.

---

18) 지유(GU ; Generations United)는 비전에서 "If children and elderly people get along with each other, children can learn patience, wisdom, and better attitude toward life from elderly people."이라고 표현해 고령자들의 삶을 통해 손주들이 인내심(Patience), 지혜(Wisdom), 좋은 태도(Better Attitude)를 배울 수 있음을 담고 있다.

19) 제너레이션스오브호프(Generations of Hope)는 1997년에 설립된 미국의 비영리 기구로서 고령자들과 어린이들이 함께 살 수 있는 주거시설을 마련하고, 이를 중심으로 어린이들과 고령자들 간의 상호활동을 촉진하는 프로그램을 운영하고 있다.

20) 얼라이언스포칠드런앤패밀리즈(Alliance for Children and Families)는 1912년에 설립된 미국의 비영리 기구로서 미 전역에 400여 개의 지역사회 기반 조직을 회원으로 갖고 있으며 사회복지, 가족 지원, 어린이 보호 등을 위한 지역사회 기반 조직을 지원하고, 그들이 제공하는 서비스의 질을 향상시키기 위한 노력을 하고 있다. 아동 및 가족 서비스, 노인 서비스, 정신건강 및 중독치료, 이민자 지원 등 다양한 분야에서 지역사회 기반 조직을 지원하고 있다.

21) 초고령사회(Super Aged Society)는 인구 고령화가 진행되어 고령자 비율이 매우 높아지는 사회를 말하며, 국제연합 (UN ; Unted Nations)에서는 65세 이상의 고령인구 비율이 20% 이상인 사회를 초고령사회로 분류하고 있다.

|  |  |  |
|---|---|---|
| 지유<br>(GU ; Generations United) | 제너레이션스오브호프<br>(Generations of Hope) | 얼라이언스포칠드런앤패밀리즈<br>(Alliance for<br>Children and Families) |

## 천진난만함(Childlike)과 유치함(Childish)의 의미와 추구

사람들은 인생을 얘기할 때 아이가 어린이가 되고 청소년이 되었다가 성인이 되고 다시 성인은 아이와 같이 돌봄이 필요한 건강(신체와 감정) 상태가 된다는 이야기를 하곤 한다. 고령자가 나이 들어가면서 신체적 노화가 진행되고 인지적 능력의 쇠퇴로 디멘샤(Dementia) 혹은 알츠하이머(Alzheimer's Disease)[22] 같은 인지장애가 오게 되면 가족 혹은 지역사회에서의 체계적이고 종합적인 돌봄이 뒤따라야 한다. 지역사회통합돌봄을 다루는 커뮤니티케어(Community Care)는 돌봄의 이슈가 단순히 가정을 넘어서서 '돌봄의 사회화'의 영역으로 들어섬을 다룬다.

다시 아이가 되어 가는 고령자의 감정적인 나이 듦을 존중하고 배려하는 지혜가 돌봄제공자에게 필요하다. 독립적인 삶의 주체로서 혹은 돌봄을 받는 당사자로서 고령자에게도 감정적인 나이 듦이 담고 있는 인간 본연의 감정, 천진난만함(Childlike)과 유치함(Childish)의 감정은 너무나 중요하다.

고령자들이 아이들처럼 천진난만과 유치함을 같이 가지고 있으며, 가질 수 있다는 것을 제삼자가 존중, 배려해야 한다. 동시에 고령자 역시 스스로 감정적인 나이 듦에서 천진

---

22) 디멘샤(Dementia)와 알츠하이머(Alzheimer's disease)는 둘 다 인지기능 손상을 유발하는 질병이지만 약간의 차이가 있다. 디멘샤는 인지기능의 저하를 일으키는 질병의 전반적인 개념으로 기억, 사고, 판단, 인지능력 등 인간의 인지기능 전반에 영향을 미친다. 일반적으로 질병, 손상, 약물 부작용, 뇌졸중, 뇌손상, 알코올 중독 등의 결과로 발생할 수 있다. 반면, 알츠하이머는 인지장애의 일종으로 가장 흔한 형태이고 이는 진행성 신경병이며, 뇌세포의 손상과 죽음에 따라 발생한다. 주로 고령자들에게 발생하며, 초기 증상은 기억상실, 지도력 감퇴, 인지능력 저하 등이 있으며 진행될수록 말을 잘못하거나 글을 잘 못 쓰는 등의 행동 및 인지기능 저하 증상이 나타난다.

난만함과 유치함을 인간이기에 본연의 감정으로 갖고 있다는 것을 인정할 때 내 안의 지킬박사와 하이드 같은 감정의 변화에 당황하지 않을뿐더러 타인의 두 감정에 대해서도 이해와 너그러움이 발동해 소통, 공감이 작동할 수 있다는 것이다.

정리하면, 감정적인 나이 듦에서 '천진난만함(Childlike)'과 '유치함(Childish)'은 둘 다 어린 시절의 특징이나 태도를 나타내지만, 이들은 다른 의미와 중요성을 갖는다. '천진난만함'은 어린 시절의 순수하고 단순한 마음가짐이나 태도를 나타내는데 신뢰, 호기심, 창의성, 열정, 그리고 유쾌함과 같은 긍정적인 특성들을 포함한다. 이러한 성격은 일반적으로 사람들 사이의 관계를 개선하고, 삶의 즐거움을 높이는 데 도움이 된다. 반면 '유치함'은 성숙한 사람이 가지고 있어야 할 태도와는 달리, 어린아이나 청소년의 행동이나 태도를 따라 하거나 그들과 같은 행동을 하는 것을 나타내는 것으로 책임감, 자제력, 성숙함, 존중, 그리고 배려와 같은 중요한 가치들을 부족하게 만들 수 있다. '천진난만함'은 긍정적이고 높이 평가되는 성격이지만, '유치함'은 부적절하고 비난받을 수 있는 성격이기에 다른 세대들처럼 고령자들과의 소통에서도 이를 이해하고 적절히 대처하는 지혜가 필요하다.

# 6. 육체적인 나이 듦
# (Physical Aging)

## (1) [신체적 건강] 육체적 운동과 좋은 생활습관

### 육체적 나이 듦(Physical Aging)의 정의

매더(Mather)의 'Create to Age Well'은 건강하게 노화하기 위한 가이드북으로, 삶의 다양한 측면에 대해 다루고 있는데 육체적인 나이 듦(Physical Aging)은 신체적 노화로 우리가 나이를 먹을수록 일어나는 생리적인 변화를 말한다. 근육량과 강도의 감소, 뼈 밀도의 감소, 유연성과 균형감각의 감소 등을 포함하는 신체적 변화는 우리가 삶의 일상적인 활동을 수행하는 것을 어렵게 만들 수 있다. 삶의 질을 향상시키는 것을 육체적인 나이 듦이 방해하지 않도록 하기 위해 운동, 영양, 적절한 수면 및 스트레스 관리 등을 중요하게 다루고 있다.

### 육체적 운동의 목표와 지속

고령자들은 육체적 운동을 지속적으로 해야 한다. 근육량과 근력이 감소하며 뼈 밀도가 감소하면서 노화에 따른 건강문제가 발생할 가능성이 높아지기 때문이다. 육체적 운동의 목표 중 하나는 근력을 유지하거나 개선하는 것으로 이를 통해 고령자들은 일상생활에서 더 쉽게 활동할 수 있으며, 다양한 건강문제와 상황에서 더 잘 대처할 수 있다. 근력운동

등 육체적 운동을 할 때도 지속성이 담보되어야 한다. 일상생활에서 활발하게 활동하고 적극적으로 운동하는 고령자들은 심혈관계 질환, 당뇨병, 고혈압, 비만 등의 노인성 질환으로부터 건강문제를 예방하고 관리할 수 있다. 고령자들의 육체적 운동 지속은 규칙적이고 적극적인 육체적 운동을 유지함으로써 건강한 노화를 할 수 있으며, 자신의 건강과 행복을 유지하는 데 직접적으로 도움이 된다.

## 건강유지를 위한 좋은 생활습관

고령자들이 건강을 유지하는 가장 중요한 방법은 좋은 생활습관을 유지하는 것으로 규칙적인 운동, 적절한 식습관, 충분한 수면, 스트레스 관리, 소셜네트워크 참여 및 활용 등을 예시로 들 수 있다.

고령자들은 하루에 적어도 30분 이상의 규칙적인 운동이 필요하고 걷기, 수영, 요가, 스트레칭 등 자신에게 맞는 운동을 선택해 꾸준히 하는 게 좋다고 조언한다. 고령자들은 고단백, 저지방, 저나트륨 식품을 섭취하고 채소, 과일, 견과류 등의 식품을 다양하게 먹으며, 식사 시간과 양을 규칙적으로 유지하는 등 적절한 식습관을 유지해야 한다. 충분한 수면은 건강한 신체와 정신건강을 유지하는 데 필수적으로 7시간 이상의 잠을 자는 것이 좋다. 스트레스는 건강에 악영향을 미칠 수 있으므로 고령자들은 스트레스를 관리하는 방법을 찾아야 하며 산책, 독서, 음악 감상 등 취미 생활을 유지하거나 명상과 같은 휴식 방법을 시도하는 것도 좋은 방법이다. 고령자들은 소셜네트워크 참여 및 활용을 통해 사회적 관계를 확대 혹은 유지하는 것도 건강에 도움이 된다.

## (2) [액티브 취미·여가] 도전적인 취미·여가 지속

### 도전적인 취미 · 여가와 일-여가 균형(Work-Leisure Balance)[23]

고령자들이 일-여가 균형(Work-Leisure Balance)을 유지하고자 노력하고 새로운 취미 · 여가에 도전하는 것은 건강하고 행복한 노후생활을 보내는 시금석이다. 무엇보다도 새로운 취미 · 여가를 도전하는 고령자 본인의 용기와 주변의 넛지가 적절한 여가활동을 통해 노년기를 즐기고 활력을 유지할 수 있는 시작이다.

과학기술과 의학기술의 발달로 건강수명과 기대수명이 늘어나면서 보내야 할 노년기도 길어졌다. 노년기를 창의적으로 풍요롭게 보내기 위해서는 늘 익숙했던 취미 · 여가만으로는 채워질 수 없다. 고령자 역시 젊은이들처럼 활동적으로 신체활동이 요구되는 새로운 취미 · 여가에 도전하는 것이 건강을 유지하거나 관계를 회복 혹은 새로운 관계를 형성하는 데 도움이 될 것이다.

고령자들이 디지털 세상에서 새로운 기술을 배우는 것이나 창작활동 등을 해보는 것도 새로운 취미 · 여가 도전이라고 할 수 있겠다. 예를 들면 아이패드, 스마트폰을 이용해 그림을 그리거나, 친구 혹은 가족, 특히 손주들과 게임을 하거나, 디지털앨범이나 동영상으로 레거시(Legacy, 무형의 유산)를 준비하거나, 동화구연으로 성우에 도전하며 사회공헌활동에 참여하거나, 서예와 캘리그라피를 동시에 융합을 시도해 가까운 누군가의 자영업 마케팅에 도움을 주거나 등등 주변에서 새롭게 도전하며 풍성한 노년기, 인생 후반전을 보내는 이들을 보면서 '나이의 숫자는 숫자에 불과한 것이구나.'를 보고 듣고 확인하곤 한다.

### 액티브 취미 · 여가의 생각거리들...

인생 후반전 혹은 노년기에는 관심사로 꼭 해보고 싶은 취미 · 여가가 있고, 독립적으로

---

23) 일-여가 균형(Work-Leisure Balance)은 개인이 하루에 할 일과 여가활동을 균형적으로 조절해 삶의 질을 향상시키기 위한 개념으로 일과 여가활동 간의 균형을 맞추어 개인이 업무와 생활, 가족, 친구 등의 사회활동을 모두 즐길 수 있도록 하는 것이다. 일-여가 균형이 적절히 유지된다면 개인은 업무에 충실해 일의 질과 생산성을 살리고 휴식과 여가활동을 즐기면서 스트레스 수준을 관리해 삶의 만족도를 높이고 건강한 삶을 유지하는 데 중요한 역할을 한다.

오래 살아가기 위해 필수적인 일상생활을 영위를 위한 취미·여가도 있고, 신체적 혹은 정서적 건강을 챙기는 데 도움이 되는 취미·여가를 시작할 수도 있을 것이다. 인생 전반전에 주어진 책임과 역할수행으로 미뤄왔던 여행을 통해 자기를 발견하거나 인생을 탐험하는 이들도 있고, 클라이밍, 패러글라이딩, 패들링 등 아웃도어스포츠를 배우는 이들도 있고, 공방, 공예 혹은 요리 등 오감을 풍성하게 하는 시간소비콘텐츠를 활용하는 사례들도 많아지고 있다.

성별로도 취미·여가를 다르게 접근하는 경우도 확인했다. 남성들은 로망인 목공은 집에서 혹은 복합문화공간이 제공하는 관련 프로그램에 참여하면서 나만의 동굴에 들어가 마음근육을 키우거나 감성을 따듯하게 하는 경우들이 많아지고 있다. 또한, 생존요리를 배워 혼자 독립적으로 일상생활을 꾸리거나 기념일에 가족을 위해 뭔가 특별한 요리를 해주기 위해 요리교육(예 서울시50플러스재단 모두의 부엌)에 참여하는 이들도 있다. 여성들은 수공예를 시작하거나, 육성으로 시나 소설을 낭송하며 성우의 느낌을 경험하고 싶어하거나, 데코앤플라워 등으로 집안팎의 식물인문학을 몸소 실천하는 사례들도 심심치 않게 주변에서 만날 수 있다.

취미·여가는 누구와 무엇을 하느냐도 좋은 동기부여가 된다. 나한테 맞는 취미·여가를 발견하기 위해서 동시다발적으로 시도해 볼 필요가 있다. 혼자서 혹은 배우자와, 자녀 또는 손주와, 친밀감이 이미 형성된 평생동무와, 특정 취미·여가를 시작하면서 새롭게 연이 닿은 동반자와, 고령자가 아닌 다른 젊은 세대와 취미·여가는 함께 파트너들에 따라서 내용은 다채로워진다. 또한, 시간적 자유(여유)와 경제적인 풍요(여유)가 수반되면서 기존 고령자들과 달리 나이 들어가는 베이비부머세대들(Aging Boomers)은 훨씬 신체활동이 필요하거나 평범하지 않은 나만의 취미·여가를 하늘, 육지, 물에서 그리고 세상 곳곳에서 시작하는 사례를 우리는 온라인, 유튜브, 방송에서 종종 목격한다.

잠시 머물다 가는 지구에서 우리 모두 더불어 살아가기 위해 또 후세들이 살아갈 만한 세상을 남기거나 만들어 주기 위해 기후변화에 대응하고 친환경을 실천하는 자원봉사 성격의 취미·여가를 옆에서 지켜보며 응원하기도 한다.

# 2부

·

## 재무적 측면의
## 삶의 질, 자기결정권,
## 지속가능성 모델

# 1. 부의 목적성과 의미

## (1) 자산의 역할과 형태

지금, 나에게 부는 어떤 의미일까?
- 숫자가 아닌 자기결정권과 삶의 질의 차원에서

### 부·자산의 기준 갖기

자산의 사전적 의미는 '개인이나 법인이 소유하고 있는 유형, 무형의 유가치물'이다. 자산이 얼마 정도 되는지에 대해 숫자로 측정하는 것 외에 눈에 보이지 않는 가치에 대해 생각해보는 과정은 반드시 필요하다. 단순한 부자 되기가 아닌 자신의 가치를 온전히 반영한 꿈을 실현할 수 있도록 하는 자원이 바로 자산이며 어떻게 활용하는지에 따라 현상으로 나타나는 것이 현재의 상태이며 앞으로 기대가능한 모습이기 때문이다. ROI(Return on Investment, 투자수익률)보다 ROL(Return on Life, 인생수익률)을 따져봐야 한다.

〈Money〉에서 토니로빈스는 무언가를 소유하는 것, 돈 그 자체는 목표가 되지 못하며 우리의 가치를 가늠해 주는 척도는 잔고의 무게가 아닌 자신이 가진 영혼의 무게라고 했다. 돈을 향한 여정, 돈이 이끌어주는 장소 그리고 돈이 가져다주는 시간과 자유와 기회, 이런 것들이 우리가 진정으로 추구하는 목표가 되어야 한다는 것이다.

## 내가 원하는 삶의 모습에 맞게 자산형태 조정하기

자산을 단지 소유 자체, 보유하는 것에 머무르게 하지 않고 재물을 낳아주는 대상이 될 수 있도록 여러 가지 관점에서 검토해보면 이상적인 삶을 위한 자산의 형태와 규모를 정하기가 수월해진다.

예를 들어 소유한 건물을 사업장으로 실제 사용하거나 임대를 통해 소득을 얻다가 특정 시점에 매매해 시세차익을 노릴 수 있다. 만약 자녀에게 건물지분의 일부를 증여한다면 합법적인 자금출처를 만들어 줄 뿐만 아니라 향후 상속세를 절감할 수 있다. 건물을 담보로 대출을 일으켜 다른 투자재원에 활용할 수도 있다.

금융투자의 경우 개별주식을 직접 매매하거나 안정적인 배당소득을 추구할수 있으며 기관이나 전문가에게 매매를 일임하는 방법도 있다. 내가 원하는 삶의 모습-자산규모, 형태-운용방식-실행까지 모두 연관되는 요소이다.

매월, 혹은 매년 정기적으로 위와 같은 과정을 조망해보면 미래에 대한 불안함, 두려움 대신 우선순위에 집중하여 현명한 의사결정을 내릴 수 있다. 물론 해당 분야의 전문가의 도움을 받는 것도 좋은 대안이 될 수 있다.

## 요약 및 결론

부, 자산을 추구하는 목적에 대한 정답은 없겠지만 '자신만의 기준'이 필요하다. 현재의 재무상태는 이전부터 무의식적으로 반복되어온 습관과 사고의 결과물이며 당연하게도 미래에 지속적인 영향을 주기 때문이다.

〈라이프플래닝〉에서 조지 킨더는 우리는 너무나 자주 우리가 진정 갖기를 원하거나, 진정 바라는 존재가 되는 데 전혀 도움이 되지 않는 목표들을 추구한다고 말하고 있다. 사람들은 자신이 가슴 속에 품고 있는 진정한 꿈 내지는 소망과 연결될 때 태어날 때부터 가지고 있던 본래의 생동감 넘치는 에너지를 회복하게 되며 반복되는 나날로 무기력해진 일상의 삶이 에너지와 열정으로 채워질 수 있다는 점을 강조했다.

## (2) 자산운용의 출구전략

제도와 세금을 내편에 두고 활용할 수 있다면?
- 예측 가능할 것, 영향을 최소화할 것

### 출구전략을 검토하지 않음으로 감수해야 하는 것

들어가는 것과 나오는 것, 시작하는 것과 마치는 것 중 어느 쪽이 더 중요할까? 잘못된 시점에 시작했다 하더라도 과정에서 어떤 노력과 영향이 있었는지에 따라 결과, 성과가 충분히 긍정적인 경우가 많다. 출구전략은 회수전략으로 표현하기도 하는데, 자산을 취득하거나 어떤 상품을 선택할 때 회수 가능한 시점을 예측하거나 발생 가능한 변수를 고려하기 때문이다.

가령, 고객 A의 과세표준 세율은 35%이다. 설정기간 3년, 투자금액 2억, 연 10% 이상의 수익을 기대할 수 있는 투자포트폴리오를 제안받았다고 가정하자.(무위험자산[24]이라 할 수 있는 은행 예금의 연이율과 비교해보자.) 출구전략을 고려하면 의사결정에 있어 다음과 같은 사항을 검토할 수 있다.

❶ 자산내역 중 3년째 되는 해에 수익발생이 예상되는 자산이 있는지 확인한다.
- 부동산 양도차익
- 사업체 확장 등으로 인한 연소득 증가
- 저축, 투자상품의 만기 또는 회수

❷ 고객 A의 배우자 혹은 자녀 명의로 투자진행 시 장단점을 비교한다.
- 배우자, 자녀의 자금출처 확인
- 10년 이내 증여한 내역이 있는지 확인 후 증여세 산정, 신고납부

❸ (법인을 운영하는 경우) 법인 명의로 투자 진행

---

24) 무위험자산이란 미래의 현금흐름이 변동할 위험이 없는 안전자산으로서 미래의 수익률을 현재에 확실히 알 수 있는 자산, 정부가 발행한 국체, 은행 예금 등을 말한다(네이버 지식백과).

## 잘 구상된 출구전략의 결과, 세금으로 확인한다.

설정기간 3년, 투자금액 2억, 연 10%의 수익을 회수했다고 가정해보자. 3년 후 수익금 6,000만 원에 대한 이자소득세 15.4%, 이자, 배당으로 발생하는 금융소득이 연간 2,000만 원을 초과하는 경우 종합소득과 합산된다.

위 케이스에서 투자금액이 2억이 아닌 20억이라는 가정을 해보자. 현금자산뿐 아니라 시간이라는 자원을 투입했는데 세금으로 인한 실효수익이 반 토막 난다면 어떨까.

## 전문가 활용하는 요령 : 원하는 답을 확인할 것인지, 의견을 얻을 것인지

'이 사안은 A처럼 되면 좋겠다. 나는 B라는 상황은 원하지 않는다.'라는 생각을 갖고 있을 때 나도 모르게 원하는 바를 질문에 투영하는 경우가 많다. 현재 상황은 이러한데 어떻게 하는 것이 좋을지 의견을 구하는 것과는 다른 방향인 것이다.

**❶ 원하는 답을 확인할 것인지**

저의 사안은 (            )에 관한 것입니다.
지금까지 확인해본 바로는 (            )이고, 궁금한 것은 (            )입니다.
혹은 (            ) 이렇게 되는 게 맞나요?

**❷ 의견을 얻을 것인지**

저의 사안은 (            )에 관한 것입니다.
지금까지 확인해본 바로는 (            )이고, 제 의견은 (            )인데 어떻게 생각 하시나요?
혹은 다른 방안이 있을까요?

해당 분야의 전문가라면 "A는 B다."와 같은 일차원적인 답을 주지는 않을 것이다. 법과 원칙은 있지만 상황에 따라 달리 적용될 수 있기 때문이다. 또한, 담당 분야에 따라 답변이 다를 수 있음을 감안해야 한다. 가령, 부동산 취득과 처분에 대한 부동산중개인과 세무사님의 의견은 다를 수 있으며 세무사님과 또 다른 세무사님의 의견 역시 다를 수 있다.

## 요약 및 결론

출구전략을 검토하는 것은 가능한 변수를 예측하여 대안을 마련하는 것이며 동시에 미칠 수 있는 영향을 최소화하는 노력이라 할 수 있다. 특히 세금은 수치로 비교할 수 있는 객관적인 근거일 뿐 아니라 자산운용에 있어 필수적으로 수반되는 요소이므로 모른다고, 어렵다고 회피해서는 안 된다. 더 나은 의사결정을 위한 노력, 시간, 비용 투자는 필수이며 최적의 의사결정은 바뀔 수 있다.

세법과 제도는 정책방향에 따라 규제가 강화되거나 완화되기도 하므로 정기적으로 점검하고 유연하게 조정하는 지혜가 필요하다. 또한, 어떤 기관, 전문가를 선택할 때 변경되는 제도에 따라 피드백과 조정이 가능한지 여부를 중요한 요소로 봐야 한다.

# 2. 안정적인 현금흐름

## (1) 연금자산 검토하기

연금에 대한 기대, 의존도가 높을수록 불리한 이유?

- 예측은 가능하지만 통제하기 어려운 연금

### 연금, 어떻게 활용할 것인가?

일정 금액을 일정 기간 동안 모은 금액(가령 매월 100만 원씩 10년간 납입했다면 원금은 1억 2천만 원)을 지정한 조건에 따라 수령하는 것을 연금의 일반적인 개념으로 본다면 "은퇴자금에 있어 연금만 한 게 없다."는 말이(은퇴 후 연금수령의 심리적 안정을 담보한다는 측면을 감안하고) 지금도, 여전히 유효한 걸까?

각 기관마다 납입하는 기간, 거치하는 기간, 수령하는 기간에 어떤 방법으로 운용되는지에 따라 연금상품을 구분하고 있다. 또한, 수령하는 방식을 종신형, 확정형, 상속형 중 선택하게 되는데 연금상품의 특성상 한번 개시하면 중단하거나 해지할 수 없다.

## 다시 한번 생각을 해보자.

1) 연금을 어떤 방식으로 수령하는 것이 최선일까.

2) 연금(이미 가입한)을 연금으로 수령하는 것이 최선일까.

3) 위에서 언급한 연금의 일반적 개념을 다음과 같이 바꾸어 표현해보면 어떨까.

[일정 금액을 일정 기간 동안 모아진 금액(가령 매월 100만 원씩 10년간 납입했다면 원금은 1억 2천만 원)을 내가 필요한, 예상한 시점에 필요한, 예상가능한 금액을 수령할 수 있어야 '진정한' 연금이라 할 수 있다.]

내가 원하는 삶의 질을 결정할 수 있고, 지속 가능하게 하려면 연금 또는 연금과 같은 속성의 자금에도 자율성이 있어야 하기 때문이다. 모으는 동안은 강제성을 띠었다 하더라도 필요한 시점과 금액은 내가 컨트롤할 수 있는 선택지가 확보되어야 한다.

그렇다면 이런 의문이 들 수 있다. 이미 가입하고 있는 국민연금은, 또는 직장에 다니는 동안 납입한 연금은 어떻게 되는 걸까?

[공적연금과 사적연금 비교 이해]

국가가 보장하는 공적연금 외의 것을 사적연금이라 구분한다. 특히 개인연금은 납입하는 동안 세제혜택을 적용받는지, 수령 시 세제혜택이 있는지 여부에 따라 다시 세제적격 연금과 세제비적격 연금으로 나뉜다. 공적연금과 사적연금에서 각각 수령 가능한 시기, 실수령 금액을 확인하는 것을 시작으로 예상되는 이벤트 자금, 인컴소득에 대한 플랜을 점검하도록 하자.

## 진정한 '부자'는 연금에 의존하지 않는다.

노년기 생활자금을 목적으로 하는 연금은 언제부터 준비하게 될까? 국민연금이야 경제활동을 시작하면서 의무적으로 가입하고, 별도로 필요에 의해 추가로 준비하는 연금은 납입기간만 최소 10년 또는 20년 정도 한다. 이렇게 모아둔 자금은 중간에 목돈이 필요한 경우 요긴하게 쓰이는 경우도 있고, 굳은 의지로 계속 유지했다 하더라도 10년 이상 장기로 모으고 거치해야 하는 연금에 현금흐름을 상당 비중을 배치하기는 어려우므로 모이는 금액은 실제적으로 크지 않다는 것을 감안해야 한다. 연금에 의존하지 않으려면 필요한 생활자금을 충당할 수 있는 정도의 인컴소득 또는 자산을 형성해야 가능하다.

그렇다면 연금에 의존하지 않았을 때 얻는 효과는 무엇일까? 연금은 최소한의 안정감을 준다. 그러나 그 범위 내에서 생활양식과 하고 싶은 일을 제한하게 되므로 새로운 선택과 경험을 시도하기에는 무리가 있다. 연금 외에 필요한 시점에 손실 없이 유동화할 수 있는 자금이 있다면 마음의 여유가 생기고 의료비에 대한 부담, 자녀에게 의지하거나 갑작스러운 부재에 대한 우려도 덜 수 있으며 은퇴 후 생활에 있어 다양한 선택지를 확보할 수 있게 된다.

## 요약 및 결론

연금과 연금상품(특히 사적연금)은 다르다. 대부분의 사적연금은 개시 후에는 중간에 해지가 불가해 기대수명보다 조기사망 시 내가 응당 수령하리라 예상한 금액에 훨씬 못 미치는 금액만을 수령해야 하는 수밖에 없음을 인지할 필요가 있다. '가입해둔 연금이 있으니까.'라고 막연히 생각하기보다 연금에 대한 인식을 새롭게 하는 것이 시간과 자산에 대한 통제권을 확보하는데 실질적인 도움이 된다. 예상 수령금액이 얼마 정도 되는지, 기존 보유자산을 연금자산으로 전환할 수 있는 방법이 있는지도 검토해야 한다.

## (2) 인컴(Active, Passive)형 자산구축

**실례가 안 된다면 자산이 어느 정도 되세요? 인컴은요?**
- 자기결정권을 토대로 삶의 질을 지속, 향상하게 하는 현금흐름의 가치

### 안정성만 고려했을 때 발생할 수 있는 문제

은행의 예적금은 맡겼다가 언제 찾더라도 원금의 손실 우려가 없는 대표적인 안정적 자산이다(물론 1기관, 1인당 예금자 보호한도는 5,000만 원까지이다). 그런데 5년 후에도, 10년 후에도 여전히 예적금에 머물러 있다면 '화폐가치의 하락'이라는 리스크를 감안하고 '안정적'이라 할 수 있을까?

목표(기대)수익률을 은행 예적금 이율의 +α 정도만 본다면 이를 충족할 수 있는 수단은 많다. 다만, 이제껏 투자에 대한 경험 여부, 부정적 인식 여부에 따라 실행하는 것은 고객의 몫이며 최소 1년 이상 운용할 자금이라면 인컴과 세금, 출구전략을 고려한 포트폴리오가 필요한 이유이다.

## 내가 원하는 인컴의 형태와 비중은?

대부분의 소비패턴이 카드결제 또는 자동이체로 이루어지다 보니 한 달에 얼마 정도 사용하는지 파악이 어려울 수 있지만 여기서는 필요한 금액과 원하는 금액으로 구분해 보겠다.

1) '필요한 금액'은 다시 소비지출과 비소비지출로 나눌 수 있다.
   – 소비지출 : 부식비, 생필품비, 차량유지비용, 통신비
   – 비소비지출 : 보험료, 건강보험료, 관리비, 각종 세금, 경조사비

2) '원하는 금액'은 외식비, 문화비, 여행비용 등 삶의 만족도를 높이고 품위를 유지하는 데 필요한 사회적 비용으로 볼 수 있다. 원하는 인컴의 규모는 결국 '원하는 금액'의 규모에 비례하게 된다.

3) 인컴의 형태는 나의 시간과 노력이 투입되는 정도에 따라 구분한다.
   – Active Income : 시간제 근무, 강의, 자문, 공유오피스/공유숙소 운영
   – Passive Income : 인세, 임대소득, 이자/배당소득

선호하는 형태에 따라 혹은 활용하는 자산의 구성에 따라 비중을 조정하되 인컴의 종류는 어느 한 가지에 집중되는 것보다 어떤 경제상황이나 변수에도 영향을 최소화하기 위해 2~3가지로 분산된 형태를 권장한다.

## 요약 및 결론

인컴을 확보를 강조하는 이유는 자기결정권을 확보하고 지속가능하게 하기 위함이었다. 인컴이 확보되었거나 예측 가능한 플랜을 세웠다면 소중한 자녀와 가족, 또는 직원들에 대한 책임과 의무로 소홀했던 나의 Needs, Wants에 집중해서 이제는 내가 하고 싶은, 가장 만족스러운 것을 선택하고 실행하도록 하자.

세계 최대 증권회사인 메릴린치에서는 미국 은퇴자의 유형별 만족도를 다음과 같이 구분하고 있다.

| 은퇴자 유형 | 만족도 | 내 용 |
|---|---|---|
| 성취추구자 | 84% | 은퇴 후에도 사업이나 직업에서 성취를 추구 |
| 봉사추구자 | 75% | 은퇴 후 공동체 사회를 위해 기여 |
| 균형추구자 | 67% | 친교 및 사회적 유대를 위하지만 수입도 추구 |
| 소득추구자 | 43% | 은퇴 후 생활비를 위해 일하는 사람 |

우리나라의 현실에 맞는 은퇴(은퇴자)의 규정과 인식개선이 필요한 부분이다. 내가 원하는 은퇴의 유형을 구분하고 그에 따른 현금흐름의 규모와 사용처가 달라져야 하는 것이다.

### 현장 시사점, 과제 : 현금흐름을 방해하는 현장의 고민과 문제

활발하게 경제활동을 하고 계시고 앞으로 최소 3년은 더 일하겠지만 점차 소득활동을 줄이고 주 2~3회 정도 여유 있는 시간을 확보하고자 하는 고객이 있었다. 한 살이라도 젊고 건강할 때 배우자와 함께 취미활동도 하고, 여행을 즐기고 싶다는 의미였기에 좋은 결정을 하셨다고 말씀드렸다.

지금 있는 자산으로 부부 두 분이 원하는 삶을 누리기에는 무리 없지만, 최근 고민이 한 가지 있다고 하셨다. 매월 자녀에게 지원하고 있는 일정 생활비를 앞으로 중단한다는 얘기를 하기가 불편하고 어렵다는 것이었다. 이미 수년 전 자녀의 주택자금 일부와 사업자금도 지원해주었고 자녀도 물론 경제활동을 하고 있지만 생활하기에 충분하지 않다고 생각된다고 하셨다.

자녀 입장에서는 막상 서운하다고 느낄 수 있다. 그러나 만약 부모님의 건강상의 문제라든지 어떤 변수가 생겨서 자산의 가치가 급격히 줄어들거나 현금흐름이 중단된다면 자녀가 그 부분을 대체해줄 수 있을까.

우리나라의 일반적인 정서상 부모님이 자녀에게 자산규모, 부채, 권리관계에 대해 밝히거나 공유하는 경우는 매우 드물다. 자녀입장에서 역시 이러한 내용에 대해 관심 갖는 것을 무례하게 여기는 측면 역시 있다.

식물의 성장 과정에서 필요한 대부분의 성분이 풍부하더라도 특정 성분이 부족하면 식물의 생육은 그 부족 성분량에 의해서 지배된다는 '최소량의 법칙'이 있다. 이 법칙을 노후, 은퇴생활에 적용해본다면 경제적 상황, 건강, 가족, 사회적 관계 등 어느 한 가지 요소가 부족했을 때 전반적인 행복도가 낮아질 수 있다. 나의 삶의 질과 지속가능성을 담보하는 것보다 우선할 수 있는 것은 없다는 생각으로 때로는 단호히 현금흐름을 방해하는 요소를 조정하고 영향을 끼치는 각 요소를 균형 있게 가져갈 수 있도록 해야 한다.

# 3. 4060 플랜

## (1) 40대부터 준비해야 하는 사항

더 나은 삶을 위해 언제, 어떤 것부터 시작해야 할 것인가?

- 40대에 시간이 없을까, 60대에 시간이 없을까?

### 가족과 사업체 모두를 균형 있게 고려하기 어려운 현실

대부분 40대의 경우 최적화된 지식, 기술을 무기로 가장 활발한 경제활동을 하면서 사업체는 물론 가족에 대한 상당한 책임과 의무를 지고 있는 시점이다. 또한, 어느 정도 자산이 축적되어 있거나 본격적으로 자산증식을 꾀해야 하는 시점이기도 하다. 온갖 매체를 통해서 쏟아지는 다양한 정보와 의견들을 필터링해서 필요한 부분을 정리하고 실행하기란 심리적, 물리적으로 불가항력인 듯하다. 결코 하고 싶지 않아서가 아님을 이해한다.

## 특정 금융기관, 특정 업종에 속한 전문가의 한계성

어떤 니드와 이슈가 있을 때 비교적 쉽게 접촉할 수 있는 혹은 인맥으로 연결된 금융기관의 PB, 변호사, 회계사와 같은 전문가들에게 자문을 구해보지만 그들의 언어와 용어는 이해하기가 어렵다. 그리고 뒤돌아서 생각한다.

'내가 제대로 이해한 걸까? 이런 경우에도 해당이 되는 걸까? 다른 방법은 없을까?'

그분들은 최선을 다해 본인이 할 수 있는 범위 내에서 정보와 조언을 줄 것이다. 다만, 소속된 곳이 어디인지에 따라 제시하는 우선순위와 비중이 달라질 수는 있음을 간과해서는 안 된다. 정작 문제는 판단, 선택기준이 나에게 있는가 하는 것이다. 최선의 답을 얻고자 한다면 그에 맞는 질문이 필요한데 어떤 부분을 물어야 하는지부터가 고민인 것이다. 단편적인 질문에는 단편적인 답이 돌아올 수밖에 없기 때문이다.

## 기대수익률뿐 아니라 투자방법과 운용에 대한 기준의 필요성

부동산, 금융자산을 막론하고 투자의 방법과 기간은 다양한데 언제, 어떤 목적으로 투자할 것인지보다 '그래서 얼마를 투자해서 얼마가 되는지, 수익률이 몇 %가 될 것인지'를 우선으로 둬서는 긍정적인 경험과 결과를 얻기 힘들다.

- 투자의 기본요소인 기간, 수익률, 투자금액의 상관관계
- 현재까지 저축, 투자했던 과정은 어떠했었는지
- 내가 감수할 수 있는 변동성의 구간은 어느 정도인지

충분히 검토 후 투자를 시작하거나 기존 포트폴리오를 조정해도 늦지 않다. 나와 유사한 재무상황에 해당하는 사례가 있는지, Before/ After가 어떠했는지 제시해줄 것을 요청하라.

## 요약 및 결론

- 최적의 자원(시간, 자산, 관계 등) 활용에 대해 가이드를 줄 수 있는 전문가에게 적극적으로 도움을 요청하고 충분한 검토 후 의사결정하자.
- 여러분이 만나는 각 전문가들의 시간과 지식, 노하우를 사용하는 것에 기꺼이 비용을 지불하자.
- 새로운 분야에 대해 배울 수 있는 기회에 나의 시간과 노력 역시 할애하도록 하자.

간혹, 의뢰한 사안에 대해 최종 결론 혹은 발생하는 비용에만 집중하지는 않았었는지 생각해보자. 각 전문가들이 가이드와 정보, 혹은 의견은 줄 수 있지만, 최종 의사결정권자는 여러분 자신이다. 그 권리와 의무까지 그들에게 넘기지 않길 바란다.


## (2) 자산규모, 형태별 체크사항

플랜이 있으신가요? 플랜B는요?
- 상황과 니드에 따라 솔루션이 달라야 하지 않을까요?

### 자산 중 부동산 비중이 80% 이상

전체 자산 중 거주지, 또는 현금화가 어려운 토지와 같은 부동산 비중이 80% 이상인 경우를 의미한다.(임대수익이 발생하는 수익형 상가, 주택은 제외하되 임대수익이 발생하는 경우라도 담보대출이 있는 경우 실효수익을 감안해야 한다.)

모든 대상에는 장점과 단점이 있게 마련이다. 부동산 또한 안정성, 물가상승률 정도는 헤징(Hedging)한다는 장점이 있지만, 금융자산에 비해 상대적으로 유동성이 낮다는 단점이 있다. 기대수익률과 출구전략을 고민해서 자산증식 속도와 목적에 따라 적절히 배치할 수 있어야 한다.

## 연소득 기준, 적용세율이 40%(과세표준 3억) 이상

"전체 매출도 아닌 소득 중 절반가량이 세금이라니…" 현장에서 가장 억울해하시는 분들이다. 그런데 1년에 1번 납부하는 세금만 생각해선 곤란하다.

소득 및 재산에 비례해 산정되는 건강보험료는 또 어떠한가. 심지어 금융소득이 연간 2,000만 원 이상이거나 연금소득이 연간 1,200만 원을 초과하게 되면 종합소득과 합산되어 또다시 중과된 세금을 적용받게 된다. 명의, 소득시기, 자산형태를 미리 분산해두어 2차, 3차 세금을 절세할 수 있어야 한다.

## 일정 자산, 지분의 상속 또는 증여가 예상되는 경우

상속, 증여의 특성상 이루어지는 시기와 규모, 형태가 나의 선택과 의지가 아닌 경우가 많다. 받는 입장에서 감안해야 할 부분은 무엇일까? 역시 세금이다. 원칙적으로 피상속인과 수증자가 세금을 부담하게 되어 있기 때문인데 연부연납, 물납과 같은 제도가 있다고 하지만 처분 시에도 일정 제약이 많다.

지방에 있는 토지를 상속받았다고 가정해보자. 취득일자는 20여 년이 지난 상황에서 근저당이 설정되어 있었다면? 공동상속인들의 합의가 원활하지 않다면? 형태가 농지인 경우 거리상, 여건상 실제 경작할 수 없는 상황이라면?

## 요약 및 결론

원하는 결과를 얻기 위해서는 '선택과 집중'이 필요하다. 그렇다고 많은 시간을 할애해서 완벽하게 계획하고 실행한다는 것은 현실적으로 어려운 일이다. 그럼에도 한 번 정리를 하고, 연 1회 혹은 이슈가 있을 때마다 한 번씩 조정만 해줘도 실행 여부에 따라 효과는 매우 크다.

### 증여를 사전에 계획하고 실행하기 어려운 이유

자신의 미래, 은퇴자산에 대한 견적과 확인이 안 되어 있는 경우가 많은 것으로 보인다.

증여라는 것은 명의를 준다는 의미인데, 주위 사례를 들어보면 부동산이든 현금이든 배우자나 자녀에게 일찍 명의를 주었을 때 나중에 내가 컨트롤하지 못해 곤란한 상황을 겪게 된다는 이야기 등등 부정적인 상황을 우려하는 것 또한 한 가지 이유가 되는 것이다.

증여는 자산의 명의, 소득발생시기를 분산할 수 있는 유용한 대안이며 충분한 기간을 두고 활용해야 할 효과적인 요소이다. 현재의 연 소득과 자산규모를 기준으로 10년, 20년 후의 증감분과 상속세를 시뮬레이션해 보면 보다 합리적인 의사결정이 가능하다. 아직 미성년 자녀(혹은 손자녀)에게 자산이 이전되는 것이 염려된다면 가족 간, 세대 간 공유하고 발전시켜 갈 소중한 가치관과 문화를 먼저 합의하고 검토하길 권장한다.

### 상황과 니드를 반영한 솔루션이 어려운 이유

'상속증여를 고민하는 정도면 자산도 많이 모았고, 사회적 지위도 어느 정도 되는 현명한 분들인데, 왜 상속증여에 대해서는 명확한 답을 찾지 못하고 있는 것인가?'

PB, 변호사, 법무사, 세무사, 회계사 등 상속증여 영역의 전문가가 많다. 변호사나 법무사는 법률 전문가로서 상속증여를 법률적인 측면에서만 검토하고 의견을 낼 수 있다. 세무사나 회계사도 절세전략 수립은 어느 정도는 해줄 수 있지만 상속증여와 관련한 다양한 걱정거리에 대한 해결책을 제시해 주기는 어렵다. 이러한 전문가는 각자 전문 영역에서만 고민하고 있어 총괄적인 자산승계계획을 수립할 수가 없다.

예를 들어보자. "상속세를 줄이기 위해서는 10년 단위로 최대한 분산해서 증여하면 된다."라는 답을 주는 전문가는 많다. 그런데 상속증여와 관련하여 자산가는 다양한 걱정거리가 있다.[25]

---

25) 오영표, 〈가족신탁 이론과 실무〉, 조세통람(2020)

# 4. 신탁(Trust) 활용

## (1) 나와 가족을 위한 최선, 혹은 최소

네? 유언장이 변경되었다고요?
- 종전 증여, 상속방식이 최선이 아닌 이유

### 신탁, 그것이 알고 싶다

신탁의 몇 가지 정의를 참고해보면 다음과 같다.

「신탁은 믿고 맡김, 일정한 목적에 따라 재산의 관리와 처분을 남에게 맡기는 일이다.」

또한 [신탁법]을 다룬 다른 책에서는 다음과 같이 서술하고 있다.

「재산을 효율적으로 관리, 운용하는 수단 중 신탁만한 제도가 없다. 신탁은 재산 가치의 보존과 통제를 자신의 생존 중일 때뿐만 아니라 사후에도 극대화해 주는 집사요, 마법사[26]」

「신탁은 신탁을 설정하는 자인 위탁자, 신탁을 인수하는 자인 수탁자 간의 신임관계에 기하여 위탁자가 수탁자에게 특정의 재산 이전 등 처분을 하고, 수탁자로 하여금 일정한 자인 수익자의 이익 또는 일정한 목적(공익 또는 비공익) 달성을 위하여 신탁재산을 운용

---

26) 영걸, 〈신탁법〉, 홍문사(2021)

하게 하는 법률관계[27]」

그렇다면 이러한 순기능을 가진 '신탁'이 왜 활성화되지 않았는지 의문을 가지게 된다. 또한, 종전의 증여, 상속과 어떻게 다른지, 더 나은 삶을 위한 장치가 될 수 있는지 검토할 필요가 있다고 생각된다. '부가 이전된다.'는 큰 틀 안에서 동일한 목적성을 띤다는 전제로 증여, 상속, 보험계약 구조와 신탁을 함께 정리하였다.

– 발생시점이 생전인지 사후인지
– 주는 사람과 받는 사람 사이에 개입하는 주체의 여부, 역할에 따라 계약내용과 명칭이 달라지는 것이다.

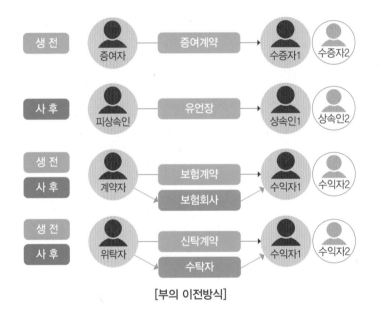

[부의 이전방식]

27) 최수정, 〈신탁법〉 개정판, 박영사(2019)

## 유언과 신탁, Winner는?

해를 거듭할수록 유류분 반환청구소송[28]이 증가하는 추세라고 한다. 재산뿐 아니라 의지와 정신을 상속한다는 마음으로 신중하게, 그리고 필수적으로 준비되어야 유언장의 작성비율은 통계상 우리나라의 사망자 중 3~5%에 그친다고 한다.

다음 장면을 한번 떠올려 보셨으면 한다.

연로하신 노신사 한 분이 변호사까지 배석시킨 가운데 가족 모두를 한자리에 모아 당신의 유고 시 장례절차와 자산의 처분에 대한 뜻을 밝히시고 자필로 유언장을 작성하셨다. 그리고 며칠 뒤 주무시다가 편안하게 세상을 떠나셨다.

자녀들은 당연히 고인이 발표하신 내용대로 상속절차를 진행하고 있었는데 변호사를 통해 유언장이 변경된 사실을 알게 된다. 가족모임 후 밤새 고민하시던 노신사분은 무언가 다른 결심을 하시고 다음 날 변호사를 찾아가 유언장을 새로 쓰셨다고 한다.

| | 유언장 | 신탁 |
|---|---|---|
| 효력 발생 | 민법에 정한 방식과 요건에 부합되지 않으면 무효 5가지 방식만 가능(자필증서, 녹음, 공정증서, 비밀증서 및 구수증서) <br> – 내용 변경 시 증인 필요 <br> – 유언자 사후 법원에 검인절차 필요 | 위탁자와 신탁자 간 합의만으로 계약성립 <br> – 계약서상 문구, 방식의 특별한 제한 없음 <br> – 계약내용 변경 시 증인 불필요 <br> – 법원의 검인절차 불필요 |
| 재산 관리 | 실제 관리는 본인 생존 시까지만 가능 | 위탁자의 요구와 의지에 따라 생전, 사후에도 관리 가능 |
| 확인 및 집행 | 유언자의 유증재산을 실제 받기까지 상당기간 소요 | 신탁자가 위탁자의 사망 사실 확인 후 수익자에게 통지(수익자가 신탁계약서를 확인할 수 없더라도 신탁사실, 내역확인 가능) |
| 비용 | 없거나(자필증서의 경우) 소액 발생 | – 상사신탁의 경우 : 신탁설정비, 관리운용보수, 사후집행보수 <br> – 부동산의 경우 : 등기 관련 비용 등 |

**[유언과 신탁의 비교]**

28) 최수정, 〈신탁법〉 개정판, 박영사(2019)

## 1+1=? 신탁의 유연성과 독립성

신탁은 계약이므로 변경하거나 해지가 가능하다. 또한, 다음의 사항에 따라 다양한 구조와 형태로 적용할 수 있는데 신탁자의 의지에 따라 얼마든지 유연하게 조정이 가능하다는 뜻이기도 하다.

- 수익자(신탁재산에서 발생한 일정한 권리를 향유 및 수취할 권한이 있는 자)가 있는지 없는지
- 위탁자와 수익자가 같은 사람인지 아닌지
- 수탁자가 금융위원회의 신탁업 인가를 받았는지 안 받았는지
※ 수탁자는 신탁회사, 일반 개인, 법인 누구나 가능(제한능력자, 파산선고를 받은 자는 제외)

또한, 신탁된 재산은 위탁자의 고유재산 및 수탁자의 고유재산과 분리된다. 가령 수탁자가 회생절차에 들어가거나 파산하더라도 안전하게 재산을 찾아갈 수 있으며, 신탁재산에 대해서는 경매, 국세 등 체납처분도 할 수 없다. 상당한 '독립성'을 확보하게 되는 것이다.

## 요약 및 결론

유언의 경우 작성하는 비율도 낮지만, 더욱 문제는 그 유언대로 집행되지 않을 수 있다는 우려가 충분히 해소되지 않는 것이다. 주고 나서 염려하거나 염려하고 싶지 않아 주지 않는 것이 최선은 아닐 것이다. 일정 자산을 증여하고도 생전에는 여전히 현금흐름을 확보할 수 있고, 생전이든 사후든 원하는 사람에게 원하는 자산을, 원하는 만큼 주고, 쓰여질 시기를 조정하기 원한다면 신탁서비스를 적극적으로 검토해보자.

### 현장이야기

제가 만났던 분 중 열심히 살아오지 않으신 분은 한 분도 없었습니다. 스스로 느끼고 표현하시는 만족감의 정도는 다를 수 있지만, 각자의 역할에서 자리에서 우여곡절과 치열한 과정을 거쳐 오늘에 이르렀음을 그 자체만으로도 충분히 귀하고 소중한 삶이라는 것을 이번 기회를 통해 말씀드리고 싶습니다.

젊은 시절에는 어떠하셨는지, 자녀분들은 어떻게 키우셨는지, 사업의 고비에서 어떻게 그런 결정을 하실 수 있었는지 등등 과거에 대해서는 또렷할 만큼 기억하고 서술하시지만, 정작 미래에 대해 앞으로 하고 싶으신 일이나 여유가 생기는 만큼 시간을 어떻게 활용하고 싶으신지에 대해서는 매우 막연해하신다는 것을 종종 느끼게 되었습니다.

긍정적으로 해석하자면 지금껏 살아온 대로 순리대로 앞으로도 순간순간 감사하며 만족하며 살아가겠다는 겸손하고 소탈한 마음일 수 있겠습니다. 이런 질문을 드려봅니다. "부부 두 분 중 한 분이 아프시거나 먼저 하늘나라로 가시게 되거나 드라마나 영화에 나오는 인물처럼 내가 갑자기 기억을 잃게 된다면 어떤 부분이 가장 걱정되시는지, 가장 마음에 걸리시는 부분은 어떤 것인지."

자녀 중 아직 미혼인 자녀가 있거나, 재정적으로 독립하지 못했거나(그렇게 여겨지는) 간혹 손자녀에 대한 염려를 하시는 경우도 있습니다. 더 좋은 것을 해주고 더 많이 지원해줘야 하는데 그러지 못하는 것에 대한 아쉬움과 안타까움을 이야기하십니다. 이번에는 반대로 그 자녀분들에게 현실적으로 부딪히는 고민, 가장 염려되는지 질문한다면 어떨까요?

물론 처음에는 부모님의 부재로 인한 아픔과 상실감이 있겠지만, 그다음은 현재의 생활에 영향을 받게 되는 것이라고 합니다. 일정 상속자산이 발생하게 되었을 경우 감당하게 되는 세금, 부모님 명의의 부동산의 처분과 관련된 일들, 또한 부모님 중 중 한 분의 거취, 부양에 대한 남은 가족, 형제들 간의 책임과 부담... 각 가정의 환경, 형태와 관계에 따라 차이는 있음을 감안하더라도 어느 정도 공감할 수 있는 부분이었습니다.

부모세대와 자녀세대 모두에게 더 좋은 방법, 이제껏 가꾸어 오신 그분들의 인생을 가장 편안하고 아름답게 마무리 지을 수 있으려면 무엇이 필요할까? 이런 현장에서의 생각들이 모이고 더해져 시에나파트너스의 프로젝트로 이어지게 되었습니다. 단지, 자산현황, 세금계산, 권리관계에 한정할 수 없는 수많은 요소들을 나열해보고 무엇에 집중해야 할지, 어떻게 하면 더 나은 삶을 위한 퍼즐을 맞춰갈 수 있을지... 관련 직종에 계시는 분들과 정책을 수렴하고 결정에 참여하는 어떤 분이라도 참고해보실 수 있고 도움이 되는 가이드가 되길 소망합니다.

## (2) 신탁서비스 콤보전략

신탁으로 이런 것도 가능할까요?
- 누구에게, 무엇을, 왜, 어떻게 가게 할 것인가?

### 신탁설정의 절차, 내용

수탁자(수익자의 이익을 위하여 또는 특정의 목적을 위하여 그 재산권을 관리, 처분하는 자)는 누구나 지정 가능하다고 했는데 다음과 같이 구분한다. 수탁자가 신탁회사인지, 아닌지에 따라 신탁계약 절차와 비용은 다를 수 있다.

 - 수탁자가 신탁회사인 경우 : 상사신탁
 - 수탁자가 신탁회사 이외인 경우(가족, 변호사, 세무사, 법인 등) : 민사신탁

### 신탁서비스 콤보전략 : 민사신탁 + 상사신탁

상사신탁이든 민사신탁이든 고객의 니드와 욕구가 모두 충족될 수 있도록 하는 것이 관건인데 2가지의 장점을 적절히 혼합하여 설정한다면 어떨까?

적용사례 1

 - B 고객(60대), 어머님의 연세 90세
 - 출퇴근하며 집안일을 돌봐주는 분이 있지만 B 고객은 수시로 들러 어머님을 살피고 있다. 거주하는 아파트는 어머님 명의이고, 생활비며 의료비가 필요할 때는 B 고객이 대신 어머님 통장에서 현금을 인출해 결제하는데, 다른 형제들에게 오해받을까 매우 조심스러워한다. 어머님은 삼 남매 중 미혼인 셋째 자녀를 가장 마음에 걸려 하고, 부동산(오피스텔) 한 채를 주고 싶어 한다.

**❶ 기대사항**

   – B 고객이 어머님을 대리하여 금융거래 시 명분과 출처 확보

   – 셋째 자녀가 임의로 부동산(오피스텔)을 처분하거나 담보로 활용하는 것 방지

   – 어머님 의지에 따라 신탁설정함으로써 상속자산에 대한 가족의 갈등, 불화요소 해소

   – 자녀들 입장에서 어머님의 자산의 처분, 세금관련 문제에 신경 쓰고 싶지 않음

**❷ 솔루션 및 효과**

   ※ 가족을 수탁자로 하는 경우 소요되는 비용은 없다고 가정함

   **부동산(아파트) > 상사신탁**

   – 어머님이 어떠한 영향 없이 편하게 거주하다가 유고 시 처분하거나 특정 자녀 또는 지분대로 상속하게 함

   – 어머님의 건강악화로 장기간 치료나 요양이 필요할 경우 현금화함으로써 의료비 부담 완화

   **현금자산 > 민사신탁(수탁자 B 고객으로 지정)**

   – 일정분은 예적금과 현금으로, 일정분은 배당수익이 나올 수 있게 운용

   – 어머님의 현금자산의 사용처와 사용시기가 명확함으로 B 고객의 상속분과 분리됨

   **부동산(오피스텔) > 상사신탁 / 민사신탁**

   – 부동산(오피스텔)을 셋째 자녀 명의로 하되 일정 기간과 조건에 해당하는 경우 처분할 수 있도록 지정함

 

부동산은 금융자산에 비해 고정적이며 장기적이므로 상사신탁으로 등기 및 관리, 처분되도록 하고 신탁된 재산은 위탁자의 고유재산 및 수탁자의 고유재산과 분리되므로 어머님과 자녀 모두가 안정된 삶을 누릴 수 있도록 장치할 수 있다.

# 신탁서비스 콤보전략 : 자산운용 + 신탁계약

## 적용사례 2

- H 고객(40대), 세 자녀 모두 미성년
- 저축과 보장에 대한 필요성과 욕구가 크고 특히 보험자산의 비중이 높은 편이다. 세 자녀의 교육자금은 물론 독립자금을 확보하고 동시에 충분한 은퇴준비로 자녀에게 부담을 지우고 싶지 않다. 10년 전부터 준비한 보험자산이 안정적이기는 하지만 최근 투자에 대한 관심이 높아지면서 연 2~3%의 수익이 아쉽다고 생각한다.

### ❶ 기대사항

- 어느 시점, 어떤 경우라도 세 자녀가 독립할 때까지 일정 자금 확보
- 보험자산의 보장은 그대로 유지하면서 연 2~3% 이상의 추가 수익기대
- 자녀에게 일시에 현금 증여하는 것보다 낮은 세금과 자유로운 운용

### ❷ 솔루션 및 효과

※ 보험자산의 경우 납입금액, 적립금 규모보다 보험의 종류, 계약자/피보험자/수익자 관계가 더 중요
- H 고객의 유고 시 현금자산을 어떻게 처분할지 신탁계약에 명시
- 보험을 해지하는 대신 적립금 일부를 중도인출해 보장 유지
- 중도인출한 자금은 추가 수익기대 가능한 투자수단으로 운용
- 자녀에게 필요한 자금을 시기 분산하여 증여하고 빈번히 매매되지 않는 중기, 장기 자금으로 운용

## 요약 및 결론

다음 항목에 스스로 답을 해보자.

- 신탁은 전 재산이 아니라 필요한 자산만 선택해서 맡길 수 있다.                    (O/×)
- 명의가 이전되어도 계약내용에 명시한대로 통제할 수 있다.                       (O/×)
- 초기, 계약 기간 중, 사후 부담하게 되는 실제 신탁비용을 알고 있다.            (O/×)
- 주위에 신탁서비스를 소개하고 추천할 의사가 있다.                             (O/×)
- 그 밖에 신탁서비스에 관해 추가 궁금한 점

# 5. 보험(Insurance) 활용

## (1) 보장자산 점검과 인식

보장자산이라는 게 뭘까요? 꼭 준비해야 할까요?
-보장자산은 자산형성과 유지, 이전에 필수요소

### 보장자산의 정의

신체적, 경제적 보장(보호)을 목적으로 한 자산을 의미한다. 넓게는 자신뿐 아니라 가족과 사업체의 위험과 손실을 방지하며 상속자산을 보호하는 의미로도 볼 수 있어 어떤 자산보다 가장 기본적으로 검토해야 하는 부분이다. 리스크를 관리하는 방법에는 보유, 회피, 축소, 전가, 4가지가 있는데 리스크를 다른 사람에게 넘기는 '전가'의 대표적인 형태가 바로 보험이다.

### 다다익선? 적정규모는 어느 정도일까?

다양한 형태로 설계가 가능하기 때문에 보험회사의 보험상품을 많이 활용하는데 보험상품의 특성상 장기간 운용되고 유동성에 제약이 있기 때문에 '많을수록 좋은 것'이라는 관점보다 ,'비용대비 효과가 높도록' 내지는 '최소 비용으로 최대 효과'로 포지셔닝해야 한다.

## 보장자산을 준비하는 여러 가지 방법

현재 시점을 기준으로 부채규모와 가족의 생활자금, 자녀 교육자금 등을 고려해서 최대 필요금액을 산출해보는 것을 권장한다. 그다음 현금흐름에 맞게 보장금액, 납입금액, 상품의 종류를 조정하는 것이다.

사업체의 위험을 대비한다면 비유동자산, 지분관계도 고려해야 하고, 상속자산을 보호한다면 상속세를 예상해보고 그중 몇 % 정도는 보험으로, 몇 % 정도는 현금자산으로 대체할 수 있는지 가늠해봐야 한다.

## 요약 및 결론

보장자산이 반드시 사망보험금에만 한정되는 것은 아니다. 각종 의료비와 일정기간 필요한 생활자금에 대한 것도 해당한다. 삶의 질도 확보할 뿐 아니라 가족, 자녀의 부담을 덜 수 있도록 시니어가 활용 가능한 보험상품에 대해 알아보자.
- 공적보험/사적보험
- 간병보험, 치매보험, 실손보험, 장기노인요양보험...

## (2) 보험유지와 적시청구

매월 고정적으로 지출되는 보험료, 잘 활용하는 방법

- 가입한 보험들이 애물단지가 되지 않으려면

### 보험을 어떻게 가입했는지에 따라 세금이 달라진다고요?

기본용어 짚고 가기(인人 보험, 보장성보험을 기준)

- 계약자 : 보험료 납입, 변경, 해지의 권리를 가진 사람
- 피보험자 : 보험계약의 대상이 되는 사람
- 수익자 : 보험계약, 보장의 혜택을 받는 사람

사례

개인사업을 하던 C 고객은 대출실행 규모가 커지면서 유사시 남겨진 배우자와 자녀가 어려움을 당하지 않도록 지인에게 소개를 받아 사망보험금이 각 10억씩 보장되는 종신보험을 2건 가입하였다. 납입기간 20년 중 7년이 지난 시점 우연히 증권을 보게 되었는데 이렇게 표기되어 있었다.

❶ 계약자 : C 고객, 피보험자 : 배우자, 수익자 : 법정상속인

의도와 달리 배우자의 보장자산 20억을 준비한 셈이다. 즉, C 고객의 유고 시에 남은 가족은 부채까지 상속받는 사태가 벌어진다.

❷ 계약자 : C 고객, 피보험자 : C 고객, 수익자 : 법정상속인

만약 피보험자를 C 고객으로 가입하고 7년이 지난 시점 C 고객의 사망한다면 법정상속인(가족)이 다행히 사망보험금 20억을 수령하지만, 계약자와 수익자가 다르므로 이 사망보험금을 상속자산으로 보아 상속세에 대한 부담을 지게 된다.

❸ 계약자 : 배우자, 피보험자 : C 고객, 수익자 : 배우자

계약자와 수익자가 동일하므로 C 고객의 사망으로 사망보험금 20억을 수령한다고 해도 상속세는 발생하지 않는다. 단, 배우자가 해당 보험료를 납입한 자금의 출처가 확실해야 한다.

## 적시에 청구하지 못한다면 보험유지는 실효성이 없다.

아무리 필요한 보험을 유지하고 있더라도 해당하는 보장을 받고 보험금을 수령하려면 '청구'라는 절차가 필요하다. 보험회사에서는 계약자, 피보험자에게 언제, 무슨 일이 일어났는지 알 수 없기 때문이다. 매월 보험료를 수년째 납입하면서 어느 보험상품에 어떤 보장을 받을 수 있는지 모르고 있다면 당연히 청구할 수도 없고 그냥 지나는 것이다. 물론 보험회사에서는 일정 청구기한을 두고 있기는 하지만, 시간이 지날수록 보험금 청구에 필요한 증빙서류를 발급받기 번거롭고 분실하는 경우가 종종 생긴다.

## 나에게 필요한 보험을 유지할 수 있게 하는 키는 현금흐름

가입 당시 산정된 보험료는 일정하므로(갱신형 담보 제외) 예산 중 [고정지출 > 비소비지출]로 보고 일정 현금흐름을 확보하여 필요한 보장자산을 놓지 않도록 해야 한다. 현금흐름이 불규칙하면 소액이라도 매월 고정적으로 나가는 보험료가 부담스럽게 느껴질 수 있다. 또한, 확정적이지 않은 보험사고의 특성상 실효를 체감하지 못하는 경우도 많다.

## 요약 및 결론

기존에 가입한 보험들이 애물단지가 되지 않기 위해 다음 사항을 당부한다.
  - 나에게 필요한 보험인지 판단할 것
  - 보험계약 전체를 해지하지 않고 조정하는 방법이 있는지 알아볼 것
  - 유지 중인 보험내역을 가족, 자녀에게 알릴 것
  - 수익자 지정을 해두고 유사시 처리방안을 준비할 것

# 6. 자산리모델링

## (1) 거주용 부동산 최적화

나에게 집이란?

- 집이 짐이 되지 않게 하려면

### 실거주부동산(집)은 자산목록에서 제외한다.

상속자산가액 산정 시에는 거주용 부동산의 명의, 지분관계, 평가금액이 필요 확인 요소이다. 거주에는 주위환경과 편의성, 만족도 등 다양한 요소가 고려되어야 한다. 또한, 거주용 부동산은 포트폴리오 차원에서 특정 시점에 비중조절을 하거나, 대체시키거나 현금화가 어려운 사용자산임을 인식하자.

### '나에게 최적화된 집'을 선택할 수 있는 권리

누구와 어디에, 어떻게 살 것인지의 자기결정권, 이는 권리 중 하나이다. 집에 대한 관점을 바꾸면 삶의 질과 지속가능성을 확보할 수 있는 유연성이 생긴다. 특히나 부동산 가격이 상승하는 시장상황에서 사는 집을 투자수단의 측면에 상당 비중을 두는 경우가 많은데, 다음의 체크리스트를 통해 적극적인 자산증식의 관점이 아닌 장기적인 안목으로 바라볼 필요가 있다.

## 거주용 부동산에 대한 나만의 체크리스트

크게 3가지 측면에서 다음과 같이 검토해 볼 수 있다.

**❶ 자산관리 측면에서**

| | |
|---|---|
| 부동산관련 세금, 유지비를 충분히 감당할만한지 | (O/×) |
| 자녀 또는 손자녀에게 증여(지분)의 계획이 있는지 | (O/×) |
| 담보대출이 있는 경우 상환계획이 있는지 | (O/×) |
| 부담부증여를 고려하는지 | (O/×) |
| 일부 현금화 계획이 있는지(규모, 형태 조정) | (O/×) |
| 임대소득이 발생하는지(다세대 주택 등) | (O/×) |

**❷ 생활양식, 욕구와 니드 측면에서**

| | |
|---|---|
| 지역사회활동에 부수적인 비용이 발생하는지 | (O/×) |
| 함께하는 자녀, 손자녀, 이웃과 생활패턴이 맞는지 | (O/×) |
| 취미활동을 충분히 유지할 수 있는 환경인지 | (O/×) |

**❸ 의료환경, 안전성 확보의 측면에서**

| | |
|---|---|
| 건강상 문제로 거동이 불편한 경우에 안전한 생활이 가능한 구조인지 | (O/×) |
| 위급상황에 도움을 받을 수 있는 장치가 있는지 | (O/×) |
| 정기적인 진료를 위한 의료기관과의 접근성이 확보되는지 | (O/×) |

## 요약 및 결론

부동산 가격의 등락과 관계없이 공시지가는 지속적인 상승으로 '집' 자체만으로도 상속자산 공제를 감안하고도 상속세 이슈가 발생되는 경우가 점차 늘어나고 있다. 집이 짐이 되지 않도록 과도한 규모, 특정 입지를 고집하기보다 행복과 삶의 질을 뒷받침할 수 있는 집의 의미를 정리해보자. 또한, 기존 거주지, 거주 형태를 유지한다면 좀 더 편안하고 안전한 구조로 리모델링한다든지, 가구배치, 공간활용하는 부분에도 관심을 두도록 하자.

현장이야기

한 장례식장에 가게 되었습니다. 연세는 80세 정도 되셨고 보조보행기를 사용하시는 것 외에는 의식도 또렷하셨는데 집안에서 쓰러지시면서 뇌출혈로 한 달 정도 입원하셨다가 돌아가셨다고 했습니다. 이분은 상가주택 3층에 거주하셨는데 20여 년 전, 한창 그 일대가 개발하면서 지어진 주택이라 엘리베이터는 설치되어 있지 않은 건물이었습니다. 1층 상가, 2층 주택에서 임대소득이 나오고 자녀분들도 모두 자립하였기에 안정적인 생활을 짐작할 수 있었습니다.

다리가 불편하시게 되면서 바깥출입을 이전처럼 자주하실 수 없었고 자녀분들이 자주 들러 보살펴주신다 해도 누군가 찾아와주지 않는 이상 집안에서 답답한 생활을 하지 않으셨을까 생각됩니다. 거주형태나 방법, 집안의 동선, 싱크대 높이, 거실과 욕실 간의 턱, 영양 있는 식사 등 이분이 좀 더 안전하고 편안한 생활을 위해 어떤 유무형의 자원들이 필요했을까 생각해보았습니다. 원래 편찮으시니까, 얼마 안 드시니까, 연세가 있으시니까... 특히나 병문안을 가거나 연세 지긋하신 분들을 볼 때 평소 갖는 선입견이랄까, 하는 부분이 있습니다.

언젠가 저희 아이가 만약 엄마가 아프게 된다면 하는 일을 그만두고 옆에서 보살펴 줄 거라고 했습니다. 고마운 얘기지만 저는 그리 하는 것을 원하지 않습니다. 아마 부모의 입장이라면 충분히 공감하실 겁니다. 저의 삶도 잘 살아내며 사랑하는 아이의 꿈과 생활을 지켜주려면 제가 할 수 있는 것, 그리고 해야 하는 것은 무엇일까 생각하게 됩니다.

내가 원하는 삶의 방식은 어떤 것인지 갑자기 무슨 일이 생겼을 때 조치할 수 있는 방법은 어떤 것이 있는지, 아직 건강한 동안 가족과 상의해서 준비하고 장치하는 것은 언제까지나 미루고 외면할 일이 아닙니다. 우리가 소득과 지출을 예산 세우고 통제하며 미래를 위해 저축과 투자하는 궁극적인 목적, 포트폴리오를 구상하고 자산규모와 수익률을 셈하는 것보다 더 중요하고 선행할 것이 무엇인지 선택하는 것은 내가 할 수 있고 해야 하는 것입니다.

## (2) 포트폴리오 전략

골든타임!!
- 해야 하는 것과 할 수 있는 것

## 포트폴리오, 그리고 전략의 의미

자산관리에서 포트폴리오는 다양한 투자 대상에 분산하여 자금을 투입하여 투자 위험을 줄이고 보다 효율적으로 운용하기 위한 각종 자산들의 구성을 의미한다. 또한, 고객의 상황을 반영하여 목표를 달성하기 위해 자산의 비중과 운용방식을 계획하고 조정하는 과정이 포트폴리오 전략이다.

## 업무 프로세스(실사례 중심으로)

(시에나파트너스 재무부분에서의 기준으로 정리한 내용으로 절대원칙이나 기준은 아닐 수 있음을 밝힌다!)

1) 고객과의 면담을 통해 현금흐름과 자산내역 정리
   ※ 부동산 물건별 등기부등본 발급, 임대차계약서, 위성사진 대조, 분석
   - 근로소득(배우자 퇴직시기 5년 후), 임대소득 발생
   - 지출내역 중 두 자녀, 부모님 지원 자금 상당차지
   - 자산현황
     부동산 : 주택/상가/토지
     금융자산 : 현금/예적금/퇴직금/투자
     보장자산 : 종신보험/실손보험
   - 부채 없음

검토내용을 요약하면 다음과 같다.

– 저축투자여력 과소 : 소득대비 저축비율 5% 미만

– 부동산의 비중 과다 : 금융자산과 비중 90:10

– 명의자 기준 보장자산 과소 : 예상 상속세 대비 20% 미만


## 2) 고객의 요청사항과 우선순위 확인

– 다주택 해소

– 두 자녀에게 집 한 채씩, 토지 일정분 마련

– 건물 건축(100억 규모)

– 노인과 지역사회를 위한 봉사


## 3) 조정 및 실행할 사항

– 부부 중 한 분에게 집중된 부동산 소유자 명의 분산

– 성년 자녀에게 임대소득이 발생하는 상가(또는 지분) 증여

– 금융자산(현금) 비중을 높여야 하는 필요성에 대한 이해

– 현금화 가능한 부동산 물건의 취득가 대비 희망 양도차익 범위 결정

– 등기관련 비용, 증여세 납부를 위한 금융자산(현금) 규모 예상

– 증여로 자녀에게 끼치는 영향에 대해 사전 논의 → 지원 자금 조정, 임대소득 관리

– 전문가에게 위와 관련된 세무적, 법률적 검토 요청


## 4) 진행사항 체크, 피드백 공유

고객은 종부세에 대한 부담과 다주택 리스크를 크게 느끼고 있었지만, 확인 결과 시간이 지나면서 자연스럽게 해소 가능한 부분이었고, 오히려 임대소득 증가로 인한 종합소득세를 우려해야 하는 상황이었다. 또한, '퇴직 이후 알아보면 되겠지'라고 생각하셨던 '건물 건축'이라는 목표에 대해서도 대출실행한도, 금융비용을 감당하는 측면에서 재직하는 동안 진행하는 것이 유리할 수 있다는 새로운 관점을 갖게 되었다.

5) 요청사항 및 순위재조정
 - 10년 이내 자녀에게 증여한 내역이 없으므로 증여공제를 활용하여 두 자녀에게 부동산(상가) 증여 실행
 - 검토과정에서 상가 매수 희망인에게 적정가격으로 매매 진행
 - 부동산 소유자 명의 분산을 위해 배우자 자금출처 마련 필요성 인식

6) 포트폴리오 성과점검, 현금흐름과 자산현황에서의 변동사항 검토
 - 수험생이었던 자녀가 대학에 입학하면서 사교육비 항목이 줄어든 만큼 추가 저축 여력 확보
 - 성인 자녀에게 임대수입이 발생하는 상가를 증여하여 생활비를 자체 해결하도록 함
 - 매매차익을 배우자 명의로 금융투자, 운용함으로써 자금출처마련 및 현금성 자산 확보 가능

위 과정 중 진행되었던 자산관리스터디 및 제공한 리포트는 다음과 같다.
 - 소득의 종류와 과세구조
 - 현금화한 자산에 대한 투자 포트폴리오
 - 부동산 비중이 높은 고객의 출구전략 사례
 - 부동산에 투자하는 다양한 방법(직·간접)

이후 계획하고 있는 단계는 다음과 같은 항목이다.
 - 건물 건축의 유효성, 필요 예산 검토
 - 노인과 지역사회 봉사의 구체적인 방법과 시기 확인
 - 신탁 서비스 안내, 적합한 전략 논의

## 요약 및 결론

포트폴리오 전략은 고객의 우선순위를 기준으로 하되 효율성을 고려하여 6개월, 1년 혹은 그 이상 기간을 지속하며 한 단계씩 빌드업하게 된다. 또한, 검토 및 실행과정에서 관련 분야의 전문가, 기관과 적극적으로 소통하며 협업한다.

새로운 정보, 선택지가 없다면 기존에 해오던 익숙한 방식대로 반복한다. 자산의 속성 역시 굳어지게 마련이다. 또한, 이해와 근거를 통한 기준이 없다면 주위의 의견이나 상황에 쉽게 흔들리게 된다. 내가 직접 하기 어렵다면 각 분야의 전문가들과 다양한 사례를 통해 스터디하는 기회를 갖도록 하자. 바로 지금이 골든타임이다. 해야 하는 것을 함으로써 할 수 있는 것의 영역과 권한을 넓히길 당부한다.

현장이야기

다음은 실제 고객과의 대화 내용을 옮긴 것입니다.

> (시에나) 두 분께 은퇴시점, 은퇴 후 최소필요자금, 기존자산현황, 은퇴 후 예상소득을 정리해 보시는 것을 제안합니다.
>
> (고　객) 그게 그렇게 어렵습니다.
>
> (시에나) 어려워도 하셔야지요. 누가 대신해줄 수 있는 게 아니니까요. 상황이 바뀌고 내 생각도 바뀌기 때문에 최소 매년 1회 혹은 수시로 점검하고 구체화하셔야 해요. 그리고 계획한 것과 가깝게 되실 겁니다.

그런데 모든 고객에게 위와 같은 정도의 강도, 범위로 상담하지는 않습니다. 자칫 오지랖 일 수 있기 때문입니다. 이분의 경우는 저와의 관계가 약 7년 정도 되었고, 가정의 재무상황을 비교적 잘 알고 있기 때문에 가능한 것입니다. 또한, 저의 역할을 단지 일정 자산을 잘 불려주는 재테크를 도와주는 사람으로만 한정하지 않고, 나의 이익을 우선으로 유익한 정보를 주고 실행방법을 알려주는 믿을만한 사람이라는 고객의 신뢰가 있기에 가능한 것입니다.

이와 같은 관계 설정은 어렵기도 하지만 매우 중요한 부분입니다. 간혹 상담을 통해 고객의 재무상황을 확인해보면 지인이나 담당자의 역할과 영향에 따라 특정 금융기관(은행, 보험사), 특정한 상품에 편중되어 있는 경우가 종종 있습니다. 어떤 목적에서 선택한 건지, 장단점에 대해 인지하고 있는지 고객분께 질문합니다. 설령 그 시점에는 그 방법 또는 수단이 최선이었을지라도 지금은 아닐 수 있습니다.

– 충분할거라 생각했던 매월 500만 원이라는 가치가 지금 와보니 내가 원하는 라이프스타일을 유지하기에는 충분하지 않고

– 10년 전에는 여전히 활발하게 경제활동을 하고 있었고 건강 또한 문제가 없었지만 생각보다 일찍 현업에서 은퇴하게 되었다거나

– 5년 전에는 자녀가 취업하고 나면 더 이상 경제적인 지원은 없어도 될 거라 예상했지만 여전히 생활비를 지원해야 하는 상황이며

– 상가를 취득할 때 실행한 대출이자 정도는 임대수입으로 상쇄할 수 있을 거라 생각했지만, 기준금리가 급격히 오르는 바람에 대출금리가 임대수익율보다 높아 현금흐름에 실질적인 마이너스가 될 것을 미처 생각지 못한 경우들을 예로 들 수 있습니다.

오늘도 역시 누군가(저를 포함) "이 방법이 최선입니다."라고 할지언정 아닐 수 있다는 말이 됩니다.

내가 원하는 모습과 지금의 상황, 그리고 그 과정에는 어떤 선택지가 있는지, 기간과 비용은 얼마 정도 드는지 명확하게 인지하는 것이 첫 번째, 그리고 변경되는 사항들을 적용하고 조정하는 것이 두 번째, 누군가 그려주는 게 아니라 나의 인생인데 소위 전문가의 도움은 받을지언정 선택과 실행은 자신이 스스로 해야 합니다. 그게 번거롭고 어렵다고 안 한다면 과정과 결과에 대해 누구도 책임을 져줄 수 없기 때문입니다.

재무 부분의 키워드를 '삶의 질, 자기결정권, 지속가능성' 3가지로 정리하게 된 것도 위와 같은 이유에서입니다. 직·간접적으로 저를 만나고 관계되는 분들 역시 위 키워드에 최소한 동의하고 동참할 의지가 있는 분들이실 거라 생각됩니다. 어떤 분야이든 고객이 원하는, 결정하는, 지속할 수 있는 방법을 찾고있거나 함께 연구하실 분들 역시 기대하며 기다립니다.

# 3부

·

## 비즈니스 모델 측면의
## 더 나은 삶 지원
## 플랫폼 모델

# 1. 자가진단

## 노후 생활을 위한 객관적 준비상황 점검해 보셨나요?

누구나 은퇴 후 삶에 대해 막연한 두려움에 싸이기 쉽다. 은퇴 전 활동은 전방위로 축소되기 쉬운 환경에 놓인다. 나이 60세가 주는 암묵적인 압박과 신체적인 불편함을 통해 움츠러들기 쉬워진다. 다양한 매체를 통해 전달되는 '신체적, 관계적, 재무적' 불안감은 막연한 두려움을 더욱 가중한다.

노후 생활에 대해 막연한 불안감에서 벗어나기 위한 장치가 필요하다. 가장 먼저 자신이 처한 상황에 대한 냉철한 객관적인 평가가 우선 필요하다.

## 은퇴지수, 행복지수의 현실적 적용 필요성

불안에 싸이기 쉬운 은퇴자를 위한 다양한 은퇴지수가 발굴되고 있다. 서울시50플러스 재단에서는 재무 준비지수와 비재무 준비지수로 구분하고 있다. 재무 준비지수로는 '금융자산·부동산자산·연금·부채'로, 비재무 준비지수로는 '사회적 관계·건강·사회참여활동'을 기준으로 준비도를 측정하고 있다.

[중장년층 노후 준비지수[29]]

행복이라는 거대한 담론도 유엔 산하 자문기구인 지속가능발전해법네트워크(SDSN)를 통해 측정되고 있다. 행복에 대해서도 한 사람의 경제적 안정, 사회적 지원에 대한 인식, 개인의 자유에 대한 느낌, 그리고 그 이상을 포함한 많은 요소에 의해 좌우된다고 전제한다. SDSN은 2012년부터 세계행복보고서를 통해 '국내총생산(GDP), 기대수명, 사회적 지원, 자유, 정부/기업 부패에 대한 인식, 관용' 등 6개 항목의 3년 치 자료를 토대로 행복지수[30]를 산출하고 있다. 중장년을 위한 은퇴지수나 전 세계인을 위한 행복지수처럼, 특정 집단을 위한 은퇴 후 삶에 대한 보다 현실적이고 구체적인 지수개발의 시도는 시의적절하다.

## 재무적 비재무적 평가 항목

김신혜 파트너는 '더 나은 시니어 삶'을 구성하는 재무적 요소로 '자기결정권, 지속가능성, 삶의 질'을 제시한다. 세부적으로는 '부의 이전, 안정적인 현금흐름, 4060 플랜, 신탁,

29) 「중장년층 근로형태별 노후준비와 정책제언」(서울시50플러스재단, 2022)의 내용을 토대로 재구성함

30) https://worldhappiness.report

보험 활용, 자산리모델링'으로 구성된다. 비재무적 요소를 제시한 조한종 파트너는 '품격, 어울림, 건강과 영성'을 꼽고 있다. 세부적으로는 '사회적, 소명적, 영성적, 지성적, 감정적, 육체적'으로 구성하고 있다. 성공적 노년기 구분에 따른 분류로 '개인적 인연과 사회적 우정, 배움과 나눔, 영성과 유산, 평생학습과 디지털 라이프, 정신건강과 공감, 신체건강과 액티브 취미 · 여가'를 담고 있다.

## 측정 방법 및 적용

보다 현실적이고 객관적인 현황 파악을 위해서는 크게 '자기기입식 주관평가와 함께 객관적인 재무 · 비재무 데이터'를 종합적으로 볼 필요가 있다. 여기에 기준치가 될 수 있는 빅데이터를 통한 NORM(표준)의 구성과 시계열 및 비교평가를 적용할 수 있다. 즉 은퇴자의 주관적인 준비도뿐만 아니라 수치화할 수 있는 데이터 값을 기준집단과의 비교 및 추이 분석을 통해, 더 객관적인 현황을 엿볼 수 있다. 예를 들어 전체 값을 자기평가에서 40% 반영, 데이터 평가에서 40% 반영, 비교 및 추이로 조정(Adjustment)도 20% 반영한 지표를 가정할 수 있다.

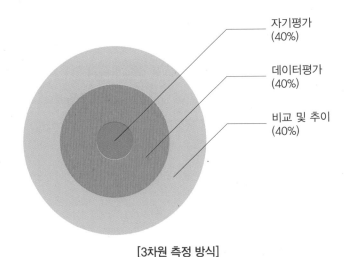

자기평가
(40%)

데이터평가
(40%)

비교 및 추이
(40%)

[3차원 측정 방식]

은퇴 후 삶에 현실적으로 적용을 위한 방법으로 MBTI처럼 가칭 SLTI(Sienna Lifeways Type Indicator)를 도입하고자 한다. 재무 · 비재무 요소 항목 6가지 기준인 '자기결정권, 지속가능성, 삶의 질, 품격, 어울림, 건강과 영성'에 대한 달성 여부와 라이프스타일에 따른 유형화가 가능하다. 이를 통해 더 명확하게 은퇴 후 삶에서 더 나은 삶을 위한 '현 위치, 개선의 방향, 세부 실천방안'의 단서를 도출할 수 있다.

| 평가 항목 | SLTI 점수 | 제안 | 개선 키워드 |
|---|---|---|---|
| SLTI 총점 | 3.5 | 개선 | #건강한 영성 |
| 재무 지표 | 3.7 | 개선 | #4060 플랜 |
| 비재무 지표 | 3.3 | 개선 | #정서적 건강 |
| 현금흐름 지표 | 3.5 | 개선 | #신탁 콤보 전략 |
| 시간 지표 | 4.5 | 유지 | #평생 학습 |
| 건강 지표 | 2.5 | 변화 | #액티브 취미 |

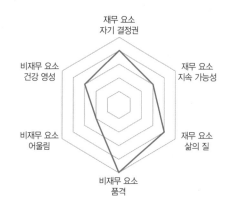

[SLTI 분석표 예시]

## 노후 생활의 객관적 진단을 통한 개선 제안

SLTI를 통해 은퇴 후 삶에서 행복과 같은 거대 담론뿐만 아니라 실질적인 '건강, 시간, 현금흐름' 변화에 현 상태를 진단할 수 있다. 은퇴 후 삶에 대한 '자기평가'뿐만 아니라 '금감원 통합연금 포탈[31] 및 건강검진 결과 기록지[32]' 등을 통해 객관적인 데이터 및 빅데이터[33] NORM(표준)을 통한 보정 값을 도출할 수 있다. 이를 통해 개선을 위한 방향과 세부적인 행동 지침을 시간의 흐름에 안내를 받을 수 있는 장점이 있다. 크게는 '유지, 개선, 변화'의 지침을 주지만, 세부적으로 갈수록 노후생활 속 '건강, 시간, 현금흐름'의 구체적인 실천방안을 기대할 수 있다.

31) https://www.fss.or.kr/fss/lifeplan/lifeplanIndex/index.do?menuNo=201101

32) https://www.g-health.kr/pageflows/ehealth/per/inq/common/result/CommonResInf.do?pGubun=Y&cNo=400008&menuNo=400008

33) 틸리언 패널 등 접목 모색. http://pmirnc.com/page/?pid=business

## 현장 이야기 – 통합적인 삶

40대가 되면 퇴직 가능성을 좀 더 실감한다. 조금씩 직장생활에 버거움을 느낀다. 막상 49세 전후로 발생하는 1차 퇴직 전 단계에서는, 퇴직 후 삶이 막연한 부분이 있다. 10여 년 넘게 매해 전문가 인터뷰를 통해 수백 명을 만나 보니, 대부분 비슷한 과정을 겪는 모습을 본다. 가장 공통적인 현상은 '시간을 바라보는 관점'이 생각보다 짧다는 점이다. 아무래도 월급을 받으며 연봉으로 평가받는 방식에 익숙하다 보니 자연스레 생기는 일이다. 가족 구성원도 자연스레 월급이라는 구조에서 조금이라도 벗어나려면, 보이지 않는 저항과 염려가 커진다. 퇴직 후는 이전과 다른 새로운 세팅(Reset)이 필요해 보이지만, 다수는 퇴직 전 시간의 흐름 구조에 갇히고 '염려와 걱정'이라는 쳇바퀴는 점점 빨리 돌아간다.

통계적으로도 대략 50대 초반에 1차 퇴직하고, 2번의 각 2년 정도의 재취업 시기를 거친다. 그 이후에는 60세라는 거대한 나이 벽이 기다리고 있다. 이전에 아무리 경력이 화려하더라도 60이 주는 한계를 넘기는 일은 쉽지 않다. 심지어 동네 떡볶이 가게 구인 광고에도 '60세 이하'라고 명시하고 있을 정도다. 최근 조금씩 그 한계를 넘기는 '평생 현역을 만들어 가는 선구자'들도 등장하지만, 대다수에게는 냉엄한 현실의 벽은 남는다. 1차 퇴직 후 '창업 또는 자영업'의 길을 모색하기도 한다. 자칫 과거 (기업)조직이 제공해주었던 제반여건을 1차 퇴직 후에도 비슷할 것이라고 착각이라도 할지라면, '사업실패'라는 낭떠러지로 떨어진다. 일부 투자자의 길로 나서는 이도 있지만, 퇴직 후 긴 시간을 채우기에는 한계가 역력하다. 게다가 월수입이 고정적이던 생활리듬에서 벗어나는 시도는 생각보다 쉽지 않아, 감당하기 어려운 리스크를 지기도 한다.

다수가 겪을 퇴직 후 삶의 모습과 달리, 현금흐름 측면에서 안정적인 구조를 갖춘 시니어도 점차 늘어나고 있다. 평생 현역처럼 정년퇴직 후에도 자신의 일자리나 일거리를 찾은 경우라면 몰라도, 다수는 빈 시간을 채우는 일에 어려움을 겪는다. 은퇴 후 시간에 대한 이해나 준비가 부족한 경우, '심각한 외로움'에 빠질 위험이 크다. 어쩌면 바쁘게 일하고 돈을 벌었지만, 노후는 처절한 외로움과 단절이 기다리고 있을 수 있다. 누구보다 성공적인 삶을 살아왔다고 스스로 자부했겠지만, 삶의 마무리는 단절된 외로움에 '후회로 가득 찬' 이야기를 종종 접한다.

10여 년 전 인도에서 만난 한 '소위' 성공했던 사업가의 모습이 아직도 기억에 생생하다. 그는 글로벌 대기업에서 화려했던 현역 시절을 보내고, 은퇴 후 풍족한 삶을 위해 고향을 찾았다. '건강과 현금흐름' 모든 것을 갖추었지만, 함께 골프를 즐길 수 있는 사람은 부족했다.

지인을 통해 들은 이야기는, 그는 매일 긴 시간을 골프장에서 혼자 즐기다가 다른 팀과 합류해서 잠시 플레이를 한다는 것이었다. 최고급 프라이빗 클럽이었지만, 화려해 보이는 곳에서 혼자서 외로움을 호소하는 시니어들을 어렵지 않게 볼 수 있었다.

누구에게나 '건강'과 '현금흐름' 외에도 '시간'이라는 소중한 기회와 위협 요소가 동시에 존재한다. 품격 있게 나이 들기 위해서는, '건강, 현금흐름, 시간'에 대한 보다 '통합된' 삶에 대한 이해가 준비가 필요하다. 재무적 준비뿐 아니라, 비재무적 영역도 함께 차분히 하나씩 점검해 보길 권한다.

# 2. 고객경험관리

## 노후 삶에 있어 '건강, 현금흐름, 시간'을 어떻게 보낼까?

나이가 들어가며 피하기 어려운 한 가지 분명한 변화는 노화다. 기대수명에서 전체 인구의 평균 질병 및 장애 기간을 제외한 수명인 '건강수명[34]'은 2019년 73.1세다. 대표적인 질병인 만성질환의 경우 65세 이상 노인인구의 약 90~95%는 1개 이상을 보유할 정도로 높아진다.

| 만성질환별(1) | 2020 전체 유병률 (%) | 치료율 (%) | 남자 유병률 (%) | 치료율 (%) | 여자 유병률 (%) | 치료율 (%) |
|---|---|---|---|---|---|---|
| 고혈압 | 56.8 | 98.7 | 57.0 | 99.0 | 56.6 | 98.5 |
| 뇌졸중(중풍, 뇌경색) | 4.3 | 96.5 | 4.8 | 96.8 | 3.8 | 96.2 |
| 고지혈증(이상지혈증) | 17.1 | 96.9 | 13.5 | 96.1 | 19.9 | 97.3 |
| 협심증, 심근경색증 | 4.4 | 96.9 | 4.8 | 97.3 | 4.2 | 96.6 |
| 기타 심장질환 | 4.5 | 98.2 | 4.2 | 99.0 | 4.8 | 97.7 |
| 당뇨병 | 24.2 | 99.0 | 23.9 | 99.4 | 24.4 | 98.7 |
| 갑상선 질환 | 3.3 | 97.3 | 1.3 | 97.2 | 4.9 | 97.3 |
| 골관절염, 류머티즘관절염 | 16.5 | 91.1 | 7.4 | 87.3 | 23.3 | 92.1 |
| 골다공증 | 8.5 | 90.1 | 1.7 | 87.4 | 13.7 | 90.3 |
| 요통, 좌골신경통 | 10.0 | 82.1 | 4.3 | 82.5 | 14.3 | 82.0 |
| 만성기관지염, 폐기종(CO) | 1.5 | 91.8 | 2.2 | 94.2 | 0.9 | 87.7 |
| 천식 | 2.0 | 94.3 | 2.4 | 93.5 | 1.7 | 95.4 |
| 폐결핵, 결핵 | 0.1 | 62.9 | 0.2 | 74.9 | 0.1 | 100.0 |
| 백내장 | 5.3 | 74.1 | 6.0 | 76.8 | 4.8 | 71.5 |
| 녹내장 | 1.1 | 81.1 | 1.2 | 86.7 | 1.0 | 76.2 |
| 만성중이염 | 0.7 | 98.1 | 1.0 | 100.0 | 0.5 | 95.3 |
| 악성신생물(암) | 1.8 | 88.5 | 2.4 | 90.2 | 1.4 | 86.3 |
| 위·십이지장궤양 | 5.0 | 93.6 | 4.9 | 95.8 | 5.0 | 92.0 |
| 간염 | 0.4 | 84.1 | 0.4 | 75.7 | 0.3 | 94.1 |
| 간경변 | 0.3 | 90.1 | 0.6 | 87.1 | 0.1 | 100.0 |
| 만성신장질환 | 1.1 | 95.1 | 1.4 | 91.8 | 0.9 | 98.8 |
| 전립선비대증 | 4.1 | 96.2 | 9.3 | 96.2 | 0.1 | 100.0 |
| 요실금 | 3.9 | 43.7 | 0.5 | 43.7 | 6.5 | 43.7 |
| 빈혈 | 1.8 | 75.9 | 0.7 | 77.0 | 2.5 | 75.6 |
| 피부병 | 0.9 | 84.3 | 1.1 | 91.0 | 0.7 | 76.3 |
| 우울증 | 1.5 | 81.3 | 0.8 | 90.7 | 2.1 | 78.4 |
| 치매 | 2.1 | 93.8 | 1.9 | 95.2 | 2.2 | 93.0 |
| 골절, 탈골 및 사고후유증 | 1.5 | 87.0 | 1.1 | 86.7 | 1.8 | 87.1 |
| 불면증 | 2.0 | 78.9 | 1.1 | 78.3 | 2.6 | 79.1 |
| 파킨슨 | 0.6 | 100.0 | 0.7 | 100.0 | 0.4 | 100.0 |
| 노인성 난청 | 2.5 | 53.9 | 2.6 | 59.6 | 2.4 | 49.2 |
| 기타 | 1.6 | 94.4 | 1.8 | 93.8 | 1.4 | 95.1 |

[노인의 만성질병 유병률[35]]

34) https://www.index.go.kr 통계청 지표누리

35) https://kosis.kr 통계청 국가통계포털

건강뿐 아니라 현금흐름 측면에서도 50대를 정점으로 은퇴 시점이 되면서 근로소득이 줄어들며 노후에 대한 걱정과 부담이 커진다.

(단위 : 만원, %)

| | | 자산 | 금융자산 | | | 실물자산 | | | | |
|---|---|---|---|---|---|---|---|---|---|---|
| | | | | 저축액 | 전·월세 보증금 | | 구성비 | 부동산 | 거주주택 | 기타 |
| 전 체 | | 54,772 | 12,126 | 8,548 | 3,577 | 42,646 | 77.9 | 40,355 | 25,496 | 2,292 |
| 가구주 연령대별 | 39세 이하 | 36,333 | 12,489 | 5,555 | 6,934 | 23,844 | 65.6 | 21,927 | 15,648 | 1,917 |
| | 29세 이하 | 13,498 | 7,728 | 2,313 | 5,415 | 5,770 | 42.7 | 5,089 | 3,614 | 681 |
| | 30~39세 이하 | 41,246 | 13,514 | 6,253 | 7,261 | 27,732 | 67.2 | 25,549 | 18,237 | 2,183 |
| | 40~49세 이하 | 59,241 | 14,315 | 9,444 | 4,871 | 44,927 | 75.8 | 42,167 | 29,348 | 2,759 |
| | 50~59세 이하 | 64,236 | 14,674 | 11,413 | 3,261 | 49,562 | 77.2 | 46,662 | 28,539 | 2,899 |
| | 60세 이상 | 54,372 | 9,219 | 7,574 | 1,645 | 45,153 | 83.0 | 43,329 | 25,728 | 1,824 |

**[가구주 연령대별 자산 구성[36]]**

특히 노인의 가처분소득 빈곤율(전체 중위 50% 기준 미달률)은 고연령으로 갈수록 높다.

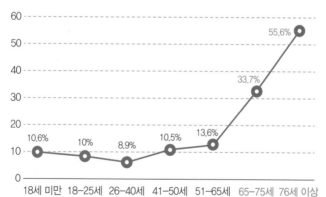

**[연령별 가처분소득 빈곤율[37]]**

시간활용에서도 은퇴 전 근로활동을 중심으로 한 활발한 활동시간이 여가로 대체되고 있다. 나이가 들어감에 따라 건강이나 현금흐름 여건과 맞물려, 시간활용에 있어 시공간의 활동 범위가 점차 줄어드는 경향을 보인다.

---

36) https://kostat.go.kr 통계청
37) 통계청. 가계금융복지조사 원자료(연도별) 내용을 토대로 재구성함

## 건강기록부를 통해 본인의 건강 격차를 파악하자

건강검진 결과를 통해 은퇴 후 삶의 일반적인 건강변화와의 격차를 파악할 수 있다. 일반적으로 약 90% 이상이 1개 이상의 만성질환을 앓는다고는 하지만, 약 10%의 건강한 시니어는 예외가 발생한다. 건강수명에도 일반적인 73세 전후의 변화보다 훨씬 빠른 예도 있고, 100세를 넘기는 예외도 발생한다. 중요한 것은 시니어 고객 각자의 현재 건강상태에 대한 정확한 검진과 그를 바탕으로 한 건강수명의 유지다. 주변을 둘러보면 60~70세부터 건강관리를 시작한 사례도 어렵지 않게 찾아볼 수 있다. 비단 신체적인 건강 외에도 정신적인 부분도 더욱 중요해지고 있다. 특히 치매의 경우 85세 이상에서는 약 39%가 발생하고 있어 경각심이 커지고 있다.

| 시 점 | 연령별 | 노인인구 수 | 치매 환자 수 | 치매 환자유병률 |
|---|---|---|---|---|
| 2020년 | 60~64세 | 3,804,710 | 23,350 | 0.61 |
| | 65~69세 | 2,635,592 | 36,621 | 1.39 |
| | 70~74세 | 2,000,709 | 77,237 | 3.86 |
| | 75~79세 | 1,602,663 | 189,627 | 11.83 |
| | 80~84세 | 1,110,912 | 232,893 | 20.96 |
| | 85세 이상 | 784,800 | 303,816 | 38.71 |

[연령별 치매 환자유병률[38]]

## 가계부를 통해 본인의 현금흐름 격차를 파악하자

은퇴 후 근로소득이 줄어드는 반면, 소비지출은 전체 대비 약 65%로 줄어든다. 전체 연령의 월 소비에서 차지하는 교육비 지출이 2% 내외로 줄어드는 반면, 보건 지출은 14%로 이전보다 늘어나는 특징을 보인다.

---

38) https://www.data.go.kr 공공데이터포털

| 소비지출 비중 (2020년) | 전체 연령 (평균가구원수 3.04명) | 60세 이상 (평균가구원수 2.45명) |
|---|---|---|
| 소비지출액 | 2,933천원 | 1,948천원 |
| 식료품 | 15.4% | 21.2% |
| 음식, 숙박 | 12.2% | 10.7% |
| 주류, 담배 | 1.2% | 1.3% |
| 의류, 신발 | 5.8% | 3.3% |
| 주거, 수도, 광열 | 11.6% | 15.9% |
| 보건 | 9.3% | 13.9% |
| 교통 | 11.9% | 11.4% |
| 통신 | 4.9% | 5.0% |
| 오락, 문화 | 6.4% | 5.2% |
| 교육 | 9.7% | 1.7% |
| 기타 상품서비스 | 8.8% | 8.5% |

**[60세 이상 가구의 월평균 소비지출[39]]**

평균적으로 지출을 이전보다 약 35%를 줄이지만, 소득은 고령이 될수록 줄어든다.

| 특성별 (1) | 특성별 (2) | 2020 | | | | | | | | | | | | | | | |
|---|---|---|---|---|---|---|---|---|---|---|---|---|---|---|---|---|---|
| | | 연 총소득 | | 근로소득 | | 사업소득 | | 재산소득 | | 사적이전소득 | | 공적이전소득 | | 사적연금소득 | | 기타소득 | |
| | | 금액 (만원) | 구성비 (%) | 금액 (만원) | 구성비 (%) | 금액 (만원) | 구성비 (%) | 금액 (만원) | 구성비 (%) | 금액 (만원) | 구성비 (%) | 금액 (만원) | 구성비 (%) | 금액 (만원) | 구성비 (%) | 금액 (만원) | 구성비 (%) |
| 전체 | 소계 | 3,026.5 | 100.0 | 1,077.8 | 35.6 | 465.5 | 15.4 | 294.5 | 9.7 | 353.7 | 11.7 | 675.6 | 22.3 | 158.0 | 5.2 | 1.4 | 0.0 |
| | 65~69세 | 3,886.3 | 100.0 | 1,635.1 | 42.1 | 819.0 | 21.1 | 335.6 | 8.6 | 316.1 | 8.1 | 619.1 | 15.9 | 157.2 | 4.0 | 4.1 | 0.1 |
| | 70~74세 | 2,967.4 | 100.0 | 839.6 | 28.3 | 372.6 | 12.6 | 435.4 | 14.7 | 338.5 | 11.4 | 758.1 | 25.5 | 223.1 | 7.5 | 0.0 | 0.0 |
| | 75~79세 | 2,568.5 | 100.0 | 769.1 | 29.9 | 272.9 | 10.6 | 254.6 | 9.9 | 370.7 | 14.4 | 725.7 | 28.3 | 175.4 | 6.8 | 0.1 | 0.0 |
| | 80~84세 | 2,114.4 | 100.0 | 709.9 | 33.6 | 181.2 | 8.6 | 106.6 | 5.0 | 410.1 | 19.4 | 628.1 | 29.7 | 78.4 | 3.7 | 0.0 | 0.0 |
| | 85세 이상 | 2,496.3 | 100.0 | 990.2 | 39.7 | 304.1 | 12.2 | 141.9 | 5.7 | 414.3 | 16.6 | 599.3 | 24.0 | 46.4 | 1.9 | 0.0 | 0.0 |

**[노인가구의 연간 총소득[40]]**

막연한 불안감으로 현금흐름에 대한 걱정 대신, 현금흐름표나 가계부 작성을 통해 미래 변화를 예측하고 준비하는 자세가 요구된다.

---

39) [한국소비자원, 2019 고령 소비자의 소비생활 진단 및 시사점, 2020년] 자료를 바탕으로 재구성함

40) https://kosis.kr 통계청 국가통계포털]

## 생활시간표를 통해 본인의 시간활용 격차를 파악하자

　건강이나 현금흐름보다 어쩌면 더 막막한 노후 미래는 시간의 활용일 듯싶다. 은퇴 전에는 시간 대부분을 직장이나 사업장에서 보내고, 남는 시간을 여가로 선용할 수 있었다. 은퇴 후에는 시간 대부분을 차지하던 일과 관련된 활동시간이 비게 된다. 은퇴 전의 생활 리듬을 유지하려 약속도 잡고 '제3의 공간'도 방문하며 시간 공간 동선을 유지하려 한다. 그조차도 시간이 지남에 따라 '이동 동선의 폭'이 점차 줄어들게 된다. 흔히들 대중교통으로 30분 이상의 거리를 넘지 않으려는 심리적인 저항도 생긴다. 노화와 함께 이동성 (Mobility)에 제약이라도 생기면 그 활동 반경은 더욱 줄어든다. 지금처럼 디지털세계 속 활동이 늘어나는 시기에는 적응력에 따라 더욱 고립된 모습에 처하게 된다. 점차 무료함에 익숙해지다 보면, 1인 가구 증가 속도 및 활동 제한 여부와 맞물려 우울증까지 강화되는 경향을 보인다. 스포츠 참여와 같은 적극적 여가의 비중은 10% 미만이며, 취미 오락도 절반가량에 그치는 부분에 주목할 필요가 있다.

| 여가문화활동 대분류<br>(2020) | 65세 이상 참여율 |
| --- | --- |
| 문화예술 관람 | 3.5% |
| 스포츠 관람 | 2.9% |
| 스포츠 참여 | 8.1% |
| 취미오락 | 49.8% |
| 휴식 | 52.7% |
| 사회 및 기타 | 44.4% |

[노인 여가문화 활동 현황[41]]

　반면 최근 베이비붐 세대를 중심으로 한 액티브시니어의 등장은 이전과는 결을 달리한 큰 변화를 이끌 것으로 기대한다. 시니어의 시간활용에도 더 생활시간표를 충실하게 채운 활동들로 나타날 것이다. 이들은 '관광·여행(63%), 운동·스포츠 직접 하기(51%)'에 대한 관심이 모든 연령대 중 가장 높았다. 더 충실한 생활시간표를 적극적으로 채우려는 관심과 노력이 늘 것이다.

41) https://doi.org/10.5392/JKCA.2022.22.01.611

[여가활동 관심도 연령별 추이[42]]

## '건강기록부, 가계부, 생활시간표' 분석을 통한 고객의 시공간 동선 흐름을 파악하자

시니어 고객경험관리(Customer Experience Management)는 구체적으로 이들의 '건강·현금흐름·시간의 이동 동선'에서 함께 움직이며 변화를 관찰하는 것에서 시작한다. 나이 들어감에 따라 일반적으로 발생하는 일련의 과정을 이해하는 것에서부터, 개개인 특성에 맞춘 세밀한 변화를 읽어내는 것이 고객경험관리다. 즉, 시니어의 시간과 공간의 이동 동선에서 길목을 지키던, 길목에서 노출되어(Awareness), 기억되고(Recall), 커머스 전반과정에서(Purchase Trial & Repeat Purchase) 고객의 삶의 동선을 정확하게 이해하는 것이다. 그 구체적인 방법으로 고객의 '건강기록부, 가계부, 생활시간표' 속 시공간 동선을 따라갈 수 있어야 한다.

---

42) [한국보건사회연구원, 노인의 여가 및 정보화 현황, 2021년] 자료를 바탕으로 재구성함

## 현장 이야기 – 비즈니스 타켓팅

2000년쯤 '실버산업'이라는 말을 둘러싼 논쟁이 기억난다. 당시만 하더라도 노인문제는 보건복지에 국한된 이슈였다. 간호사나 사회복지사가 전적으로 주도하던 영역이었다. 고령 인구의 증가로 관련 산업에 대한 기대감이 커지던 시기였다. 당시 '부동산, 금융, 의료, 요양, 용품, 여가, 미용, 언론 등' 다양한 분야의 비즈니스 종사자들이 관심을 가지고 참여했다. "노인들이 가진 돈의 규모가 커질 거야.", "아무래도 노인을 위한 주거가 핵심이지.", "용품도 많이 필요할 거야." 등 기대감을 높여갔다. 법과 제도적으로 '노인장기요양보험'의 등장을 앞두었기에 실버산업에 대한 기대감이 더욱 컸던 시절이었다. 초기 선도자그룹은 적잖은 투자를 감행했다. 부자 노인이 거주하는 동네에는 일본의 브랜드와 제휴한 제품과 서비스가 선을 보이기도 했다.

그 후 오랜 험난했던 시간을 참아내며, 실버산업 전문가들은 한 가지를 명확하게 깨달아 갔다. 현존하는 시니어비즈니스는 노인장기요양보험을 중심으로 한 '공공정책'에 좌우된다는 점이었다. 여러 번의 고령친화산업 보고서 작업에 직간접으로 참여한 내가 볼 때, 공공주도형 비즈니스 생태계의 큰 틀은 쉽게 바뀌지 않을 것으로 보인다. 노인 돌봄 영역에서 실질적으로 공공재원을 지원받아 운영되는 '재가센터나 요양원, 요양병원과 건강보험 등'을 보더라도 그렇다. 일부 민간주도형 고령친화 상품과 서비스가 존재하지만, 큰 틀에서 보면 '건강보험이나 연금' 등의 영향력과는 비교하기에는 아직 미미하다.

지난 20여 년간의 가장 중대한 변화를 꼽자면, '고령인구 증가속도'를 들 수 있다. 초고령 사회를 눈앞에 두고 있다. 베이비붐 세대가 노인세대에 합류하면서 자연스럽게 '액티브 시니어'가 주목받고 있다. 노인세대도 각각이 살아온 시대 배경에 따라 전혀 다른 구성원들로 존재한다. 단적인 예로 시대에 따른 GDP 규모만 하더라도 80~90대와 60대가 경험한 시대의 규모 차이는 현격하다. 디지털 이용문화만 보더라도 '주판'을 사용하던 세대와 ChatGPT를 맛보기 시작한 노인 세대는 전혀 다를 수밖에 없다. 상대적으로 '더 젊어지고, 더 윤택해지며, 활동적인 노년'을 계획하는 시니어가 급증하고 있다. 이에 따라 시니어비즈니스도 '더 세밀한 목표 고객'에 대한 이해가 필수적이다.

필자에게 매해 적잖은 분들이 시니어비즈니스에 대한 조언을 구하러 찾아온다. 대기업이나 자산가뿐만 아니라 20대 청년 창업가까지 다양하다. 미팅에서 공통으로 나누는 이야기가 있다. 찾아오는 분들은 대부분 '앞으로 시니어비즈니스가 아주 유망할 것으로 보입니다'

라는 기조를 강조한다. 자신이 구상하는 제품과 서비스는 그 거대한 시장에서 커다란 '주거나 의료, 여가, 문화, 용품 등' 각 분야를 리딩할 것이라고 자신한다. 자세히 이야기를 듣다 보면, 목표 고객에 대한 깊이 있는 고민이 부족함을 엿본다. 마치 10여 년 전에 중국실버산업을 바라보고, '이 거대한 시장의 아주 작은 점유만 해도 엄청날 거야' 기대하며 중국을 오가던 시절이 떠오른다. 다시 돌이켜보면 중국에서는 당시 이미 일본과 독일 같은 고령 선진국의 비즈니스를 미리 벤치마킹하던 차였는데 말이다.

반면 어느 진지한 사업가와의 미팅이 대조된다. 그는 아주 세부적인 특정한 지역에서 구체적인 서비스를 구현하겠다는 포부를 남겼다. 그 시작은 '단 1명의 구체적 지역의 구체적 노인 고객에 대한 관찰'부터 시작하겠다는 다짐이었다. 물론 '누구나 죽고, 누구나 장례가 필요하다'와 같이 굳이 세분화해서 보지 않아도 될 것 같은 시장이 존재한다. 비즈니스 관점에서는 누구나 사망하니 그에 관련된 프로세스(장례식장이나 화장장)는 명확한 길목으로 보일 수 있다. 특히 수요가 급증해서 공급이 부족한 지금과 같은 과도기에는 대부분 영역에서 일시적인 비즈니스 성공이 명확해 보일 수도 있다. 그러나 한 발자국만 더 들어가 들여다보면, 목표 고객의 배경과 니드는 천차만별이다. 세밀한 고민 없이도 초고령화 시대가 곧 닥칠 것이기에, 당장 시니어비즈니스에 뛰어들어야겠다는 생각이 들 수도 있다. 그러나 먼저 꼼꼼히 살펴야 한다. '내가 목표로 하는 시니어 고객은 누구인가?' '목표 고객은 어떠한 '건강, 현금흐름, 시간'적 상황에 있는가?' 깊게 생각해야 한다. 배경을 철저히 이해한 후에 그들이 가장 원하는 니드가 무엇이며, 내가 '차별적으로 제공할 수 있는 절실한 솔루션'이 무엇인지를 찾고 검증해야 한다.

참고로 필자가 '시니어마케팅' 전문교육을 진행하면서 제시한 7가지 마케팅 원칙을 소개한다.

마케팅 7원칙
1. 고객의 삶의 여정 맥락을 이해하라.
2. 노화과정의 길목을 선점하라.
3. 고객의 일상 속 4차원은 온·오프 시공간 동선을 따라가며 예측하라.
4. 목표 고객의 삶의 가치와 우선순위를 경청하고 그 대안을 제시하라.
5. 마케팅 해자(Marketing Moat)인 신뢰를 구축하라.
6. 고객의 현금흐름 여력별 고령친화용품과 서비스를 제공하라.
7. '통제가능, 지속가능, 애자일' 세 단어를 반복 확인하라.

# 3. 니드 모델링

**진정으로 시니어가 원하는 핵심 니드는 무엇인가?**

  '무엇을 원하느냐?'고 묻는다면, 아마도 그 대답은 몇 가지로 좁혀질 듯하다. 건강에 대한 니드도 생활 활력 수준이나 연령에 따라 핵심 관심사가 바뀐다. 건강뿐 아니라 현금흐름이나 시간과 관련된 질문도 시니어 고객 개개인의 환경에 따라 달라질 수 있다.

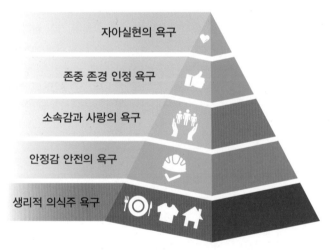

[매슬로의 욕구 5단계 이론]

  개개인의 특성의 차이에도 불과하며 몇 가지는 공통성을 띤다. 예를 들어 '버킷리스트처럼 꿈꾸는 여행에 관한 관심이라든지, 사랑하는 소중한 대상에 대한 배려의 마음이라든지' 몇 가지는 그 바람이 명확하다. 매슬로(Maslow)의 욕구 5단계는 노인의 욕구를 포괄적으로 설명해 주는 틀이다. 즉, 누구나 '의식주가 안정된 일상생활, 몸과 마음의 건강, 하고 싶은 일, 존중받는 삶, 그리고 삶의 아름다운 마무리(웰다잉)'의 단계를 거친다. 상당수의 노년은 '노후 빈곤이나 간병 지옥'과 같은 끔찍한 경험을 피하지 못하나, 죽음을 앞둔 노년의 바람은 자아실현임을 크게 다르지 않다.

다만, 우리가 현장에서 집중해야 하는 일은, 시니어가 처한 현 상황에서 어떤 니드가 가장 중요하고 의미 있는 과제인가이다. 여럿 바람을 이야기하더라도, 서로 연결되어 있기 쉽다. 그 연결고리를 관통하는 핵심 니드를 제대로 파악하는 것이 핵심이다.

## 시니어 삶의 '재무적·비재무적+건강·현금흐름·시간'의 Map을 파악해 보자

'시니어 삶을 어떤 관점에서 조망해 볼 것인가?'에 따라 니드 지도(Needs Map)는 달리 그려질 수 있다. 시에나파트너스 모델에서는 '더 나은 시니어 삶'을 위한 6개의 기둥과 각각을 구성하는 재무적·비재무적 평가 기준에 따라 시니어 삶의 '건강·현금흐름·시간'의 시·공간 동선으로 짜인 니드맵을 제시한다.

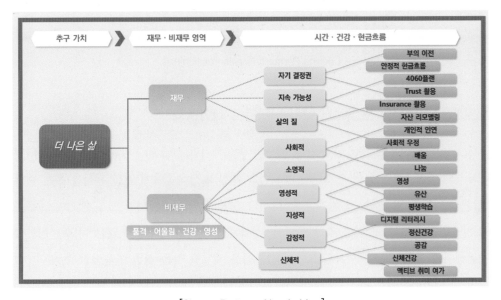

[Sienna Partners Needs Map]

## 우선순위(중요도)에 의한 '언급된 니드·언급되지 않은 니드'에 따라 현재 위치를 그려보자

니드맵에 따른 18개 세부 항목에 대해 각각 '자기진술, 객관적 데이터, NORM 비교지표'로 현재 위치를 그려 X축을 그려볼 수 있다. 이를 다시 우선순위(중요도)에 따라 Y축에 포지셔닝할 수 있다. 여기서 주의할 점은 언급되지 않았더라도 중요한 언급되지 않은 니드에 대해, 전문가그룹의 정성적 평가를 통해 포지셔닝하는 부분이다.

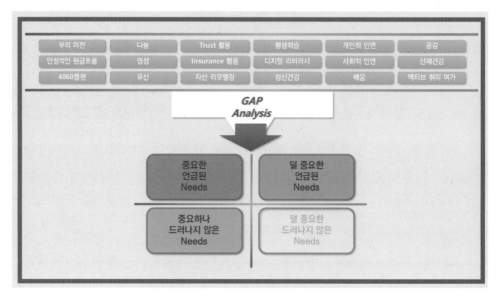

[Sienna Partners Needs Positioning]

## 중요도와 시급성의 관점에서 핵심 니드를 구체화하자

니드 발굴법을 통해 '중요한 언급된 니드와 중요하지만 언급되지 않은 니드'가 도출되었다고 가정하자. 예를 들어 연로하신 부모님은 재산의 상속증여에 관한 관심을 우선 해결할 핵심 니드로 언급했다고 가정하자. 그러나 정작 당사자는 자녀가 모두 해외에 거주하고 안정적인 삶을 살고 있을 경우가 크다. 정작 중요하지만 드러나지 않은 니드는 거동이 불편해지는 홀로 사는 당사자의 돌봄과 외로움을 해결할 마음 편한 어울림일 수 있다. 어쩌면 상속증여와 같은 자산관리와 함께 '본인의 돌봄과 여가 프로그램' 모두가 도출될 수 있다. 이런 경우라 하더라도, 일을 처리하는 데는 우선순위와 1~3가지에 집중해야 할 필요가 있다. 무엇보다 서비스를 제공하는 처지에서는 한두 가지를 잘하더라도 사소한 것에서 치명적인 신뢰 훼손이 발생할 위험에 처할 수 있는 것이다. 시니어 고객 응대에서도 정확한 분석 후에는 선택과 집중을 통한 최우선과제에 집중할 필요가 있다. 당장 시급하지 않은 니드 해결은 중장기 과제로 단계별 모색을 고려하자.

## '지금 여기서' 제시할 수 있는 통제 가능한(Controllable) 니드에 주목하자

시니어가 진정으로 원하는 니드 해결은 정확한 분석 후에는 '중요도 · 시급성'을 고려하여 선택과 집중 원칙에 따라 접근되어야 한다. 실행단계에서는 무엇보다도 '통제 가능한(Controllable)' 니드 솔루션에 집중해야 한다. 아무리 이상적으로 시니어 고객의 원하는 것을 제공해주고 싶어도, 현실적인 접근법이 없다면 공허한 말치레에 그칠 수 있다.

[Sienna Partners Needs 발굴 단계]

### 현장 이야기 – 웰다잉과 자기결정권

시니어라이프 비즈니스를 연구하면서 최근 관심이 높아진 분야는 웰다잉이다. 대표적인 국내 웰다잉 비영리단체에서 유튜브 PD로 활동하면서, 각계의 전문가와 현장의 생생한 소리를 매주 듣고 있다. 시니어라이프와 비즈니스의 종착역을 찾는다면 '웰다잉'일 것이다. 전문가들은 웰다잉을 '삶의 마무리를 위한 자기결정권'으로 재해석한다. 죽음학을 연구하는 분들은 '삶과 죽음은 분절된 것이 아니라 통합된 것'이라 강조한다.

웰다잉을 비즈니스 측면에서만 보면 단연 '블루오션'이다. 최근 사망인구가 출생인구를 넘어섰다. 노인인구에 합류하는 숫자는 급증하고 있다. '시니어스타운(실버타운)'만 하더라도 공급이 수요를 따라오지 못한다. 노인 돌봄도 심각하다. 간병인이나 요양보호사를 구하는 것도 벅찬 현실이다. 화장시설이나 장례시설만 하더라도 코로나 위기와 겹쳐 적체가 생기고 있다. 요양원에서 요양병원으로 이송하기 위한 구급차를 구하는 것도 쉽지 않은 상황들이 연출되기도 한다. 80대 중반부터 급격히 높아지는 치매 유병률은 이런저런 걱정을 더 늘린다. 고령 선진국인 일본 요양시설에 가면 '대학생' 돌봄 인력을 어렵지 않게 볼 수 있다.

급격한 변화에 따른 혼란이 크더라도, 큰 흐름의 방향은 선명하다. 여기에 사후 재산에 대한 관리까지 고려한 '신탁'까지 더해지니, 누구라도 눈독을 들일만한 사업 분야다.

웰다잉 비즈니스를 좀 더 자세히 들여다보면, 미리 준비해야 할 부분이 많다. 과연 시니어 고객은 '삶의 마무리'를 어떻게 받아들이고 준비하고 싶을까? 과거 경험에서 보았듯이 '공공정책과 공적 돌봄서비스' 영향력이 여전히 클 것이다. 그럼에도 급증하는 노인인구와 국가 재원 등을 고려하면, 적정한 수준의 '민간 비즈니스의 합류'가 절실해 보인다. 특히 '재력을 갖춘 시니어 고객'이라면 차별화된 맞춤형 서비스에 대한 니드는 더욱 클 것이다. 약 15년 전에 한 재벌이 대형병원을 통해 전문 간호인력을 찾던 기억이 난다. 재벌이 아니더라도 일정 수준의 재력을 갖춘 고령자라면 특화된 맞춤형 돌봄에 대한 니드는 상존한다. 막상 죽음을 앞두고 돌봄이 필요한 경우라면, 비용이 들더라도 제대로 된 돌봄을 선택할 것이다. 문제는 '품질을 갖춘 케어 서비스' 공급이 수요에 비해 부족하다는 점이다. 마치 강남에 쇄도하던 젊은이를 위한 성형 붐처럼, '품격 있는 돌봄서비스'에 대한 수요도 어느 순간 급증할 수 있다.

'인격체로서 삶의 마무리'라는 관점에서 웰다잉 욕구 또한 존재한다. '내 삶을 의미 있게 마무리하는 방법이 있다면 실천하고 싶지 않겠는가?' 어느 복지전문가는 품격 있는 삶을 위해 두 가지가 필요하다고 말한다. '긍정적으로 삶을 해석하는 것'과 '나눔을 실천하는 것'이다. 매슬로의 자아실현 단계는 다양한 방식으로 구현될 수 있다. 각자 '삶을 통해 이루고자 했던 것, 삶을 통해 남기고자 했던 것' 등은 생각보다 다양할 것이다. 한 죽음학 교수는 품격 있는 마지막 순간의 메시지를 '고맙다, 미안하다, 사랑한다'로 정의한다. 어쩌면 우리 삶의 마무리는 가장 '인간적인 관계 언어'로 정리되는 것이 아닐까? 그러한 품격 있는 마무리를 위한 자기결정권은 '신체나 재산'을 넘어선 '삶의 유산(Legacy)'을 남기는 것으로 확대되지 않을까? 단순히 '재산분쟁을 막기 위한 자기결정을 넘어, 사랑하는 대상에 대한 나눔을 돕는' 웰다잉 비즈니스 모델이야말로 매력적이지 않을까?

누구나 피할 수 없는 웰다잉 과정은 퇴직이나 은퇴 후 시점부터 본격적으로 설계될 수 있다. 구체적으로는 돌봄이 시작되는 '병원 동행부터, 노인장기요양 돌봄을 거쳐, 주거와 신탁에 이르기까지' 연결할 수 있다. 삶의 마무리를 위한 자기결정권이라는 웰다잉 관점에서 '역순으로' 노후의 삶을 재조명할 수도 있다. 이러한 통합적인 웰다잉 비즈니스 시도 또한 초고령사회를 맞아 가시화될 전망이다.

# 4. 제휴 표준화

## 핵심 니드를 채워줄 수 있는 제휴 파트너는 어떻게 엄선해야 하나?

시니어 고객이 필요로 하는 니드 갭(Needs Gap)을 정확히 파악했다면, 어떻게 채워줄 수 있을지에 대한 방법이 필요하다. 아무리 거대한 기업이라도 고객이 원하는 모든 것을 제공해 줄 수는 없다. 글로벌 빅테크 업체이건 플랫폼 기업이건 누군가와의 제휴 서비스가 필요하다. 시니어 고객처럼 살아 온 배경과 현재 처한 환경이 다른 경우라면 모든 고객에게 획일화된 솔루션 제공은 어렵다.

기업 차원에서 가장 대표적인 제휴 서비스 제공은 'SK그룹의 OKcashbag, 대한항공 마일리지, SPC그룹의 해피포인트'를 들 수 있다. 여전히 주목받는 멤버십 서비스도 있지만, 상당 부분은 이전만 못 한 평가를 받거나 사라지고 있다. 수많은 시도 중에서 각각은 '투자 규모, 고객충성도, 오프라인 매장 수'라는 특징을 가지고 있다. 수조 원의 투자가 들어간 멤버십의 경우, 너무 방대한 제휴를 연결하려 했다. 고객의 충성도가 담보되지 못한 서비스의 연계가 가지는 한계가 컸다. 항공 서비스처럼 명확하고 독점적인 서비스 구조를 가진 모델의 경우는 항공 서비스와 연계된 제휴 모델을 찾는 부분에서 미흡한 점을 가지고 있다. 쌓여가는 마일리지를 정산하기 위한 노력이 더 컸던 역사가 있다. 수천 개의 매장을 보유함으로써 고객 동선을 확보한 멤버십의 경우, 그룹 간 연계 시너지를 넘어선 제휴 모델을 찾는 것은 한계가 작용했다. 특히 고객의 매장 이용률에 따라, 나아가 기업의

'제휴 철학'에 따라 고객충성도와 만족도는 영향을 받는 모습을 보인다.

수조 원의 투자와 독점적 서비스, 그리고 수천 개에 달하는 오프라인 동선 장악력을 가진 기업들도 부족한 부분을 채울 제휴 협력처가 필수적이다. 다만, 그 중심에는 고객에 대한 철저한 이해와 그들이 원하는 니드를 제대로 채워 줄 파트너를 엄선할 수 있느냐는 질문이 남는다.

## 제휴 파트너를 고르기 위한 기준 세우기

다양한 시니어 고객의 각기 다른 니드를 채워주기 위해서는 제휴사와 협력이 필요하다. 이때 어떤 기준으로 파트너사를 선정할지에 대한 세밀한 작업이 뒤따른다. 은퇴 후 삶에서 시니어 고객은 '건강 현금흐름 시간'의 시공간 동선 속에서 움직인다. 이들의 이동 동선 속에서 필요한 요소는 몇 가지로 추려볼 수 있다. 예를 들어 하루 일과표를 들여다보는 방법이 있다. 하루 일과표 속에서 현금이 지출되는 접점이 바로 '구매(Purchase)'가 이뤄지는 비즈니스 영역이다. 그 과정까지는 일반적으로 '인지(Awareness) → 회상(Recall) → 구매(1st Purchase) → 재구매(Repeat Purchase)'의 과정을 거친다. 고객의 시공간 이동 동선 속에서 어떻게 자리를 잡아 그들의 마음속에 '들어보고 기억되며' 나아가 구매 시도로 이어질지에 대한 작업이 전개된다. '잠을 편히 잔다든지, 집 안에서 안전한 생활을 지원한다든지, 외부 병원이나 금융기관에 동행한다든지, 디지털에 대한 교육을 제공한다든지, 고령 친화 용품을 소개한다든지, 운동에 필요한 장비를 탐색하던지, 꿈에 그리던 맞춤형 여행을 설계한다든지, 가족 이벤트를 의미 있게 설계한다든지, 웰다잉에 대한 준비를 함께한다든지.' 고객의 시공간 이동 동선을 연구하다 보면 몇 가지 필요한 접점을 찾게 된다.

조금 더 이해를 쉽게 하려면 '실버타운(시니어스타운)'에 입주하는 것을 고려한다고 가정해보자. 이러한 서비스를 의뢰받은 경우, 세상에 존재하는 실버타운에 대해 탐색하게 된다. 이때 검색된 업체 중에 평가를 위한 선정기준을 세우게 된다. 일반인의 시각이라면, '이미지나 보건의료시설, 실내분위기, 편이성, 인접성, 규모나 세대 수, 이용료, 휴양시설, 여가문화 시설' 등을 비교하는 것에서 그칠 수도 있다. 그러나 조금 더 전문적인 관점에서 본다면, '경영자의 철학, 재무 투명성, 임직원 이직률, 자연채광 비율, 거주민 대화의 양과 질, 웃음소리의 빈도, 실내 구비 장비의 품질' 등 보다 세밀하고 조그마한 차이지만 큰 변화를 이끌 수 있는 요소에 집중할 것이다. 여기서 더 나가, 의뢰인인 시니어가 고려하는 중요한 요소까지 고려할 수도 있다. 예를 들어 '보고 싶은 손자녀의 방문 편의성 또는 상속증여까지 연계된 재무설계, 종교적인 성향이나 개인적 취향' 등을 들 수 있다.

## 판단 기준과 브랜드 명성을 결합하여 판단하는 법

표준적 기준에 전문가 평가를 거쳐, 의뢰인의 세밀한 니드까지 반영한 판단 기준을 세웠다면, 여기에 브랜드 명성을 결합해서 판단해야 한다. 이는 수요자의 바라는 희망사항은 수없이 많을 수 있지만, 현실 세계에서 주어질 수 있는 공급자의 한계가 존재하기 때문이다. 아무리 이상적인 실버타운을 기대하더라도, 국내를 벗어나는 것이 주는 위험요소 또한 크기에 제한된 범위에서 선택해야 한다. 초고령화 사회를 앞두고 '공급이 수요에 못 미치는 상황'에서는 앞에서 말한 판단기준들이 모두 무용지물이 될 수 있다. 원하는 실버타운을 찾더라도, 현실적으로 수요가 너무 많아 입주가 어려울 수 있는 환경이 발생하기 때문이다. 만약 수요를 감당할 충분한 공급이 주어지는 환경이라면, 이때 우리는 그나마 검증된 브랜드 속에서 제휴업체를 선택해야 한다. 그때 필요한 부분이 브랜드 명성이며, 이 속에는 최근에 강조되는 ESG(환경, 사회, 지배구조) 철학이 반영되어있다.

## 전문가 집단의 심층분석을 통한 세밀한 분석표 만들기

시니어 의뢰자로부터 실버타운에 대한 조언을 받았다는 가정을 이어가 보자. '표준+전문가+고객니드' 등을 반영한 판단기준표를 만들고, 이를 바탕으로 시장에서 주어지는 다분히 제한적인 서비스업체 리스트를 나열할 수 있다. 많은 업체를 모두 나열하면 좋겠지만, 일반적으로는 3개 내외의 실버타운을 선택지로 비교 평가하는 것이 바람직하다. 2023년 1월 기준으로 노인복지주택은 총 38곳이다. 업계에 따르면 이 중 업력을 쌓아 안정적인 운영이 가능한 17곳 정도로 추려진다.[43] 이 중에서 고객의 니드를 반영한 브랜드

43) https://www.hankyung.com/realestate/article/2023011538941

명성과 전문가 평가기준으로 3개 내외의 업체를 추려볼 수 있다. 물론 현실적으로 목표기간 내 입주가 가능한 업체로 다시 추려보면 상황은 크게 바뀔 수도 있다. 이러한 사전 작업을 거쳐, 의뢰자인 시니어 고객께 전달된 비교분석표는 최종적으로 추려진 3개 업체에 대한 객관적인 평가결과치여야 한다. 구체적인 평가항목별 현황과 장단점이 주어져야 하고, 정성평가 요소로 시니어 고객이 고려해 볼 만한 코멘트를 기술하는 것이 적정하다. 마치 미슐랭가이드(Michelin Guide)에서 전문가에 의해 '음식의 질, 숙련된 맛과 조리법, 요리에 담긴 요리사의 개성, 가성비, 방문에 따른 일관성'이라는 항목을 평가하듯이 말이다.

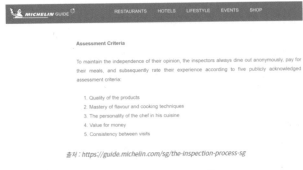

[미슐랭가이드 평가 기준[44]]

## 제휴 프로세스의 표준화를 통한 품질 관리 방안 모델을 활용하자

시니어 고객의 핵심 니드를 채워주기 위한 제휴 파트너 선정과정은 즉흥적이거나 주관적인 부분으로 이뤄져서는 곤란하다. 제휴 프로세스는 어쩌면 '과도한 투자, 확보된 고객 충성도, 시공간 동선 점유'라는 파트너사의 장점을 연결함으로써, 연결자의 신뢰를 확보하는 가성비 높은 방법일지 모른다. 신뢰라는 자산을 바탕으로 엄선된 제휴 파트너를 연계하기 위해서는, 전문적이고 객관적인 평가기준과 평가값에 기초한 제안이 필요하다. 이러한 신뢰를 바탕으로 컨시어지 파트너의 자그마한 코멘트는 새로운 구매로 연결되는 핵심 관문이다.

---

44) 미쉐린 홈페이지(https://guide.michelin.com)

## 현장 이야기 – 제휴비즈니스

1차 퇴직 이전에는 '대기업, 외국계 기업, 벤처기업 등' 다양한 산업에서 마케팅 · 사업개발 · 제휴업무를 주로 담당했다. 일반적으로 고객의 종류(공공 및 비영리, 민간기업, 일반 소비자)에 따라 비즈니스 형태에 차이가 있지만, 목표 고객의 니드 갭(Needs Gap)을 채워주는 '혜택을 제공함으로 이익을 얻는다'는 공통점을 가진다. 이때 목표 고객의 니드는 구체적으로 최종 이용자(End Users)인 개인(들)으로 귀결된다. 즉, 최종 고객의 니드를 맞추기 위해 접근하고 소통하는 방식에 있어 자신의 역량 외에 다른 기관과의 협력을 꾀하는 방식이 '제휴비즈니스'라고 할 수 있다. 가장 대표적인 예로, '비행기를 이용하는 고객을 가진 항공사 고객을 대상으로, 비행기와 연관된 제반 니드를 충족시켜주기 위해 협력하는 비즈니스 모델을 만드는 일'을 들 수 있다. 기내음식을 제공하는 제조사는 항공사를 이용하는 고객이 원하는 제품을 품질과 가격을 고려해 제안한다. 항공사는 고객에 대한 접근권을 주는 대신에 일정 제휴 수수료를 취한다. 항공사가 기내음식까지 생산 · 납품할 수 있다면 자회사를 활용하겠지만, 그렇지 않은 대부분 제휴비즈니스를 택한다.

제휴를 담당했던 당시 1,200백만 명의 고객과 5천 개 매장을 보유한 대형 프랜차이즈업체의 멤버십을 총괄했다. 핵심질문은 '우리 고객이 진정 원하는 서비스가 무엇일까?'였다. 물론 기업에 있다 보면, 조직의 요구와 보여주기 위한 광범위한 제휴망을 위해 동분서주하는 것이 현실적 제약이기도 하다. 그렇지만 본질적인 제휴비즈니스를 위한 고민은 '정말 우리 핵심고객이 원하는 제휴가 무엇일까?'라는 것이다. 비즈니스 현실에서는 다양한 시도가 있었지만, 고객에게는 당장 '할인'이 가장 중요할 수 있다. 또는 결재단계에서 필요한 제휴카드만 필요할 수도 있다. 규모가 큰 통신사 할인이나 카드제휴를 통해, 고객을 보유한 기업은 상당한 순수익을 추가할 수 있다. 통신사나 카드사도 새로운 고객을 유치하거나 유지하기 위한 비용을 합리적으로 집행할 수 있다. 무엇보다도 고객은 핵심 서비스를 이용함에 따라 '할인'이나 '추가 혜택'의 기회를 얻을 수 있다. 이렇듯 제휴비즈니스는 '고객의 가장 핵심적인 니드'에 집중해야 한다. 그 과정에서 협력사들은 서로 윈–윈 할 수 있어야 한다.

시니어비즈니스 영역에서도 광범위한 제휴가 펼쳐질 수 있다. 아직까진 검증된 시니어 전문기업이 소수에 불과하지만, 점차 명확한 고객을 기반으로 고객의 니드를 충족시켜 줄 '제휴비즈니스'가 더욱 가시화될 것이다. 오프라인 플랫폼 관점에서는 일본의 대형 유통채널은 시니어들의 걷기 동선을 고려해 고령 친화 용품 및 서비스 매장을 입점시켰다. 고령자가 가까이 이용할 수 있는 편의점을 중심으로 '생활 서비스를 연계'하는 시도도 늘었다.

우리도 노화와 직결된 보청기 매장을 대형마트 입구에서 어렵지 않게 봐오고 있다. 디지털 접근이 늘어난 요즘은 유튜브와 같은 콘텐츠를 시청하는 고객을 대상으로 한 '광고 및 커머스 제휴'를 시도할 수 있다. 아직 한 번도 경험하지 못한 초고령사회를 앞두고, '시니어라이프 연계 비즈니스 모델'은 첫 단추가 중요할 수 있다.

 제휴비즈니스에 덜 익숙한 담당자라면 '멋있어 보이는 모델'에 집중하려 할지 모르겠다. 마치 거동이 불편한 시니어 고객에게 건강한 일반인을 위한 패키지 여행상품을 제안하는 미숙한 접근을 시도할지도 모르겠다. 고객이 원하는 제휴비즈니스를 위해 개개인이 처한 '건강 · 현금흐름 · 시간'상 파악된 니드를 중심으로 고민해야 한다. 만약 신탁상품에 관심 있는 고객이 있다고 가정하자. 숨은 니드가 '신탁상품 가입과정을 통한 사랑하는 사람과의 소통이었다면?' 하고 '더 깊게' 탐구할 필요가 있다. 시니어를 위한 제휴비즈니스는 '정확한 고객니드에 부합한, 검증된 제휴 파트너 솔루션의 연계'일 것이다. 살아온 연륜처럼 구매 경험이 많은 시니어는, 어렵지 않게 상품과 서비스 제공자의 '본심과 태도'를 간파할 수 있을 것이다. 무엇보다 '진정성을 담은 태도와 제안'이 제휴비즈니스의 핵심이다. 나아가 목표 고객이 명확하지 않거나, '통제력을 벗어난' 무분별한 제휴는 자칫 기존에 어렵게 쌓은 신뢰까지 무너뜨릴 위험성이 있다. 마치 '우린 이런 멋진 제휴 서비스도 제공해 드려요'라고 포장했지만, 나중에 보니 '고객정보만 넘겨주고 제휴수익만 꾀했다'라는 부정적인 피드백과 고객이탈(Churn)로 이어질 수 있다.

# 5. 검증

## 고객의 니드를 채우기 위해 제시한 제휴 솔루션이 정말 최적인가?
## 어떻게 꾸준히 더 나은 제품·서비스를 제공할 수 있나?

객관적인 평가 잣대로 엄선한 제휴업체의 솔루션이 지속해서 고객에게 만족을 준다고 보장할 수는 없다. 일반적인 구매 경험에서도 초기 구매에서 재구매로 이어지는 단계에서 '품질'이라는 요소에 대한 평가를 반영한다. 고객 대응 과정에서 소소한 불만족도 고객이탈(Churn)로 이어진다. 제휴 솔루션을 연계하는 처지에서는 제휴업체에 대한 지속적인 관리 또한 중요한 이유다. 정기적으로 제공된 제휴 솔루션에 대한 '고객 피드백, 모니터링, 신규 트렌드 반영'을 통한 더 나은 서비스 제공을 모색해야 한다.

## 고객의 후기 및 평가는 기본이다. 어떻게 평가를 체계적으로 받을 것인가?

고객에게 맞춤형 제휴 솔루션을 제공했다면, 정기적으로 피드백을 받아야 한다. 이때 후기와 평가는 체계적인 모델링을 통해야 한다. 일반적인 만족도 모델을 활용할 경우, '전반적 만족도 – 좋은 점 – 아쉬운 점 – 구체적 이용 경험담 – 개선점 – 추천 의향' 등의 질의가 필요하다. 이때 전문가에 의한 자연스러운 심층 면접방식을 도입하는 것이 좋다. 동시에 가능하다면 관찰 평가 또한 필요하다. 전문가나 데이터 모니터링에 따라 이용상의 불편함이나 드러나지 않은 불만족요인을 발굴할 수 있다. 시니어 고객이라면 서비스 이용

당사자뿐 아니라 주변 가족이나 도움을 주는 관계자에 대한 평가도 무시할 수 없다. 즉, 비용을 내는 가족이나 서비스에 관여하는 참여자의 평가 또한 병행하는 것이 좋다.

## 제휴 파트너의 진정성과 서비스 품질을 어떻게 지속해서 모니터링할 것인가?

시니어 고객을 대하는 제품과 서비스에는 '휴먼서비스' 요소가 가미되기 쉽다. 신체적 기능 저하나 신기술 적응력에서 젊은 층보다는 상대적인 제약이 있을 수 있기 때문이다. 휴먼서비스는 제공업체의 수행인력의 변동사항에 의해 직접적인 품질의 영향을 받기 쉽다. 예를 들어 기존에 만족하던 돌봄 인력의 변동은 시니어 고객에게는 상당한 변화로 다가갈 수 있다. 비단 서비스종사자뿐 아니라 제공업체 경영진의 변화 또한 새로운 변수로 등장한다. 휴먼서비스에 대한 진정성 대신 경영이익만을 우선 추구한다는 방식은 우려 사항으로 등장할 수 있다. 일례로 휴먼서비스를 제공하는 종업원이 아무리 따스한 마음과 행동으로 시니어 고객을 대하려 하는 경우를 생각해보자. 만약 경영진이 경영지표로 비용 절감만을 고집한다면, 서비스 현장에서는 중장기적으로 영향을 끼칠 수밖에 없게 된다. 특히 고객의 소중한 자산을 다루는 일이라면, 더더욱이 예상하지 못한 상황에서는 고객의 손해를 통해 순전히 기업의 이익만을 보장하는 상황도 발생할 수 있다. 국내 실버산업의 20~30년 역사를 보더라도, 고객을 향한 진정성 있는 태도 여부와 사업의 지속가능성과도 크게 결부됨을 알 수 있다. 최근 들어 ESG(환경, 사회, 지배구조) 경영 트렌드에서 보듯이, 경영자 태도나 고객 피드백이 사업에 지대한 영향을 미치는 것을 볼 수 있다. 따라서 제휴 파트너의 진정성과 품질에 대한 피드백을 주기적으로 탐색해야 한다.

## 더 나은 신규 제휴사의 파악과 선정은 어떻게 진행할 것인가?

시간이 지나면서 새롭게 등장하는 기업처럼 사라지는 기업도 적지 않다. KOSPI 상장사 기준만 놓고 보더라도, 절대 강자가 10~20년 사이에 사라지는 것도 어렵지 않게 본다. 아무리 엄선된 제휴사이고, 주기적인 피드백과 관찰을 통했더라도 시대의 흐름 속에서 영원하기는 쉽지 않다. 새롭게 등장하는 혁신기업의 등장에 대해 눈과 귀를 열어두고, 그들이 제공할 혁신적 가치에 관해 관심을 가져야 한다. 대기업에서는 B2G(공공사업),

B2B(기업 간 사업)와 같은 주요 고객사를 기반으로 한 기업활동에서는 전담 제휴담당자를 지정한다. 담당자는 주요 고객사와의 긴밀한 관계 형성과 지속적인 교류를 통해 고객사에 가치를 제공하려 힘쓴다. 반면 관계가 오래되면 새로운 것에 대한 시도가 줄어들면서 고객의 이익과 가치보다는 관성에 의존하려는 경향을 보일 수 있다. 지금처럼 기술의 발전 속도가 빠르고, 혁신적인 사업모델이 등장하는 시기에는 자칫 관계 중심사업이 위험 요소가 될 수도 있다. 따라서 이러한 위험성을 배제하기 위한 시스템적인 제휴사 선정 원칙이 요구된다. 너무 잦은 변화도 문제이지만, 일정 주기에 따라 피드백과 관찰 결과에 더해 트렌드 요소를 반영할 필요가 생긴다. 혁신적인 가치를 제공하려는 신규 제휴사에 '열린 가능성과 공정한 경쟁의 기회'를 제공하는 평가체계가 필요한 이유다.

## 눈앞의 고객에게 제공하는 제휴 솔루션이 최선인가?
## 자문하고 객관적으로 보완하는 체계를 구축하자

엄선된 제휴 관계에 체계적이고 주기적인 '고객만족도-전문가 관찰-고객 피드백과 진정성 관찰-혁신 서비스 탐색'을 구축해야 한다. 항상 '지금 제공하는 제휴 솔루션이 최선인가?'라고 자문해야 한다. 주관적인 만족이 아닌 객관적인 평가와 전방위적인 서비스 평가 포지셔닝 등을 모색하자. 개선 또는 혁신을 통해, 고객이 꼭 필요한 제휴 솔루션을 제공하자. 조금 더 개선된 모델과 노력하는 자세를 통해 고객은 신뢰에 신뢰를 쌓게 된다. 예상하지 못한 저품질의 위험이 생긴다면, 고객에게 정확히 사유를 설명하고 개선책을 제시하자. 통제하기 쉽지 않은 제휴사가 제공하는 솔루션이기에, 이에 대한 철저한 관리가 필요하다. 마치 미국은퇴자협회(AARP)가 회원들에게 단 하나의 제휴보험 솔루션을 제시하는 것처럼, 어쩌면 제대로 선정한 1개 제휴처가 더 확실한 혜택을 담보할지도 모른다. 그러나 대규모 구매력(Buying Power) 기반이 아닌 개인 맞춤형 제휴 솔루션을 제공하는 처지라면, 1개보다는 3~5개의 객관적인 비교검색이 적합할 수 있다. 그리고 선정된 업체에 대한 지속적인 모니터링과 대안 제시가 필요하다. 겸손히 고객의 소리에 귀 기울이고, 고객 처지에서 고민하여 제대로 된 제휴 솔루션을 제공하는 노력을 지속해야 한다.

현장 이야기 - 지속 가능한 시니어비즈니스

2000년쯤 영국에서는 고령자의 인구가 급증해서 시니어비즈니스가 커질 것 같다는 기사를 접했다. 그 후 '실버산업전문가포럼'이라는 단체를 찾아 20여 년간 활동하며 사무총장 역할까지 맡았었다. 관련된 활동을 통해 적지 않은 분들이 실버산업에 뛰어들었다 떠나가는 모습을 보았다. 당시 실버산업에 진심이던 창립멤버들은 각자의 영역에서 자리를 지키고 있다. 여러 어려움 속에서 여전히 자리를 지키는 분들의 한 가지 공통점은 '진정성'이다. 즉, '노인의 삶'에 대한 진지한 탐구라던가, 자신이 개척한 영역에 대한 '집중력' 등이 기초가 되었다. 중간중간 실패를 접할 때마다 다시 현장으로 내려가 고객을 만나고 경험하며 시니어비즈니스라는 영역을 만드는 선배들이 있다.

여전히 시니어라이프 비즈니스를 연구하면서 신규 창업가들과 교류하고 있다. 혹자는 잠시 관심을 보이다 말거나, 오로지 수익이라는 관점에서 하나의 사업거리로 접근한 분들도 있었다. 그런 와중에 중심을 잡고 버티는 창업가를 보면 명확한 공통점이 하나 있다. 이 또한 '창업자의 진정성'이다. (조)부모님을 향한 서비스 개발로 시작한 사업은 여러 단계를 거쳐 자리를 잡아가고 있다. 시니어 주거영역에서도, 진정으로 고령자의 주거에 관심을 가진 사업가의 태도는 다르다. 진정성만 있다고 모두 해결되는 것은 아니다. 그러나 진정성이 담보되면, 남들에게 보여주는 허영이나 교만과는 거리가 멀 수 있다. 사업을 하다 보면 잘 될 때도 있고, 어려울 때도 많다.

창업자의 진정성이 중요한 사례로 시니어 주거영역을 생각해보자. 최근 들어 1인 가구가 급격히 늘며, '노후에 어디서 누구와 살까'를 보다 현실적으로 고민하는 시니어가 급증했다. 고급 실버타운의 경우는 이미 대기수요가 많다. 이에 덩달아 대기업에서도 시니어스타운 개발에 박차를 가한다. 자문받으러 오신 자산가들은 이전 인구구조에 따라 활성화되었던 사업으로 큰돈을 버신 경우가 많다. 마치 유치원이나 학원 사업에서 탁로소(데이케어센터)나 요양원으로 눈을 돌리는 경우와 비슷하다. 심지어 수도권 근방의 모텔은 요양시설로 변화하는 비율이 급속히 늘고 있다. 이러한 사업적 관심에서 출발한 사업모델은 지난 20여 년 동안 계속되었다. 그런데 시니어의 삶에 기반한 비즈니스인 시니어라이프 비즈니스는 '수익성'만 가지고 달려들기에는 너무 위험이 큰 사업이다.

먼저 시니어는 현금흐름 측면에서 상위 10~20%를 제외하고는 소비할 여력과 의사가 적다. 근로소득의 비중이 줄어들면서, 길어진 노년에 대한 부담이 존재하기 때문이다. 마치 청소년이나 젊은이처럼 일하거나 미래기회를 잡아서 성장할 가능성이 작다. 오히려 '어떻게 삶을 마무리할지'에 대한 관심이 높아지기에, 현금흐름 또한 상대적으로 적정한 소비로 맞춰진다. 현금흐름이 풍족한 시니어 그룹에 집중한 사업이라고 할지라도, 뭔가 의미를 부여해야 한다. 구매 경험에서 노련하기에, 더군다나 재무적으로 안정을 구축한 경우라면 더욱 냉철한 소비가 이뤄질 가능성이 크다. 고객 측면이 아닌 사업자 측면에서도 '단기적인 수익성'에만 집착하는 것은 지속 가능한 사업모델에 오히려 위험 요소로 작용할 수 있다. 일반 기업처럼 수익을 지나치게 강조하다 보면, 큰 조직일수록 '과도한 비용 절감에 따른 품질 하락'으로 연계될 수 있다.

시니어비즈니스에서 비중이 큰 '요양이나 금융, 주거' 영역만 보더라도, 휴먼서비스가 어느 정도 결부되어야 고객의 만족이 커지는 구조를 갖추고 있다. 고령자가 편한 주거시설이 되려면, 부수적으로 휴먼서비스 영역이 어느 정도 뒷받침되어야 한다. 그런데 기업에서 수익만을 경영지표로 삼게 되면, 휴먼서비스를 제공하는 현장 인력의 불만과 이탈로 이어진다. 지난 20여 년간 시니어케어에 진심인 진정성을 갖춘 서비스 인력이 '덜 인간적이며 수익성만 추구하는 기업'에서 오랫동안 버티기는 쉽지 않다. 무엇보다 현장에서 항상 '우선순위의 갈등'이 조직력 약화나 서비스 품질로 이어진다. 그래서 좋은 요양원이나 시니어타운을 고르는 방법으로, '종사자들과 입소자들의 대화나 웃음, 미소 그리고 따스한 채광과 세면대에 놓인 고품질의 제품들을 보라'고 이야기해 줄 수 있다.

요양기관 우수 평가를 받거나 업계에서 인정받는 전문가들과 이야기를 나누면, 그들은 '진심에서 나온 서비스 품질과 직원(내부고객)들의 만족'에 지대한 관심이 있음을 알게 된다. 그러하기에 비즈니스 모델로 '입지의 우수성과 시설의 편리성, 프리미엄 이미지'만 강조하는 사업들의 말로가 그리 밝지 않았다. 지속 가능한 시니어비즈니스의 배경에는 '시니어 삶에 기반한 비즈니스에 대한 진정성'이 중심을 잡고 있다.

# 6. 팀 서포트(Team Support)

**더 나은 시니어 삶을 돕는 비즈니스 플랫폼의 구성요소와 구축 방법은?**

시니어 고객의 삶을 재무비·재무적 관점에서 컨시어지(Concierge)하기 위해서는 비즈니스 플랫폼 지원체계가 필요하다. 핵심적인 '재무·비재무 솔루션' 외에도 '글로벌 R&D(연구개발), 고객경험연구, 콘텐츠 기반 커머스 연계, 제휴, 법과 제도, 투자 자문' 등의 복합적인 지원체계가 구축되어야 한다.

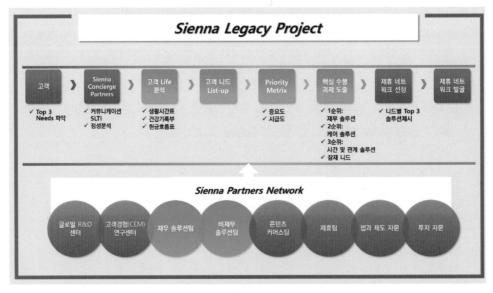

[Team Support Model]

## 글로벌 연구개발(R&D)과 고객경험관리(Customer Experience Management)를 어떻게 지속할 것인가?

지원체계에서 가장 기본적인 부분은 글로벌 시니어 삶 트렌드 연구이다. 국내 시니어뿐 아니라 고령화를 먼저 경험한 선진 경험을 통해 방향성을 엿볼 수 있다. 국내에는 일본 미국 유럽과 같은 고령 선진국에서 학습하고 경험한 전문가들이 늘어나고 있다. 국내에 실버산업이 태동한 시기는 대략 2000년 전후로 잡는다. 사전 준비단계를 거쳐 2008년 7월부터 노인장기요양보험 제도가 시작되었다. 최근은 금융노년학(Financial Gerontology)과 기술노년학(Gerontechnology)까지 그 연구와 동향이 확대되고 있다. 국내외 동향과 함께 중요한 관찰과 연구는 고객경험(Customer Experience)에 집중되어야 한다. 최근 베이비붐세대가 노인인구에 편입되고, 액티브시니어의 등장이 활발해지고 있다. 노인도 모두 똑같은 노인이지 않고, 그들도 시대별 세대별 차이를 보인다. 마치 MZ세대의 경우 현장 인터뷰를 하다 보면, "2년 차이로 세대차이를 보인다."라고 이야기한다. 그 정도는 아니어도 이제는 시니어 그룹도 5~10년 차이의 세대차이가 존재하는 다양성을 보인다. 특히 '건강상태, 현금흐름, 시간활용' 등의 차이가 더해 개개인별로 다른 특성을 이해하는 것이 중요해지고 있다. 광범위한 정량 및 정성적 연구가 수행될 필요가 있다. 고객의 니드갭(Needs Gap)을 채워주려는 플랫폼에서는 더더욱 고객 경험에 대한 세밀한 연구체계와 시스템이 지원되어야 한다.

## '재무·비재무 솔루션'에 더해 '법과 제도 자문과 투자신탁 연계'는 어떻게 할 것인가?

은퇴 후 이상적인 삶을 구현하기 위한 재무·비재무 솔루션은 각각 12단계의 요소에 대한 개선 활동이 필요하다. 그런데 시니어 삶의 재무·비재무 솔루션을 지속해서 제공하기 위해서는 무엇보다 법과 제도에 대한 정확한 이해가 요구된다. 막연히 시니어 비즈니스에 입문하는 초보자가 맞닥뜨리는 커다란 장벽은 법과 제도의 한계인 경우가 많다. 예를 들어 시니어 비즈니스의 블루오션이 분명해 보이는 신탁제도만 하더라도, 현재 상황에서는 상품을 판매할 수 있는 자격요건을 갖추어야 하는 장벽이 존재한다. 마치 재택에서 죽음을 맞이하고 싶더라도, 법과 제도의 틀 속에서 사인을 확인하는 절차가 존재하기에 병원에 구급차로 실려 가야 하는 것과 유사한 일들이 현실 세계에서는 펼쳐진다. 고령친화 용품을 개발하여 판매한다고 하더라도, 노인장기요양보험의 지원을 받는 품목과는 가격에서 경쟁력 차이가 발생한다. 다양한 분야에서 시니어 비즈니스에 진입하려는 초보자들이 경험하는 법과 제도의 이해 부족이 주는 장벽은 생각보다 크다. 또한, 플랫폼 비즈니스를 구현한다고 하는 것은 개인이나 스타트업 규모, 또는 더 나아가 중견기업이나 대기업이라고 쉽게 해결할 수 있는 부분이 아니다. 거대한 플랫폼 기업들도 각각의 한계가 존재하는데, 시니어 고객을 대상으로 삶의 전반 솔루션을 제공하겠다는 과욕에 그칠 가능성이 농후하다. 시장에서 다양한 영역의 솔루션을 제공하는 공공·민간기관들과의 제휴와 협력이 필요하다. 특히 금융 솔루션 분야에서는 플랫폼의 지속가능성을 높이기 위한 막대한 자금투입이 요구될 수도 있다. 제휴 협력을 통한 지속성을 높이려는 지원체계 또한 촘촘히 구축해야 할 요소다.

## 콘텐츠 커머스 모델을 통해 어떻게 고객과 소통하고, 피드백을 반영한 모델 개선을 해나갈 것인가?

몇 년 전만 하더라도 상품서비스를 판매하기 위해서는 거대한 인프라가 필요했다. 생산공장이라든지 물류창고, 나아가 자체 쇼핑몰과 고객응대팀, 여기에 온·오프매장은 필수였다. 이러한 커머스(유통) 환경이 급격하게 변해가고 있다. 대기업에서조차 필수적인 기능 외에는 아웃소싱을 통해 조달한다. IT나 컨설팅업계에서는 자체 인력보다는 자문그룹을 통해 사업을 진행하는 것이 점차 일반화되어가고 있다. 판매에서도 인스타그램의 인플루언서가 마이크로 영상이나 실시간 소통이 강화되고 있다. '누가 차별적인 콘텐츠를 가지고 있느냐?'라는 부분이 커머스에서 중요한 자리를 잡아가고 있다. 콘텐츠를 자발적으로 시청하는 고객들은 자연스럽게 커머스로 연계되어가는 것에 편안함을 느끼고 있다. 수많은 선택지 속에서 점차 신뢰자산을 가진 콘텐츠(보유자)의 추천을 통한 커머스가 더욱 확산할 전망이다. 특히 금융산업처럼 보이지 않는 무형 서비스를 소개하고 판매하는 과정에서는 더욱 그러하다. 콘텐츠 커머스의 장점은 열린 소통이 가능하다는 점이다. 고객이 전달하는 피드백을 통해, 개선의 단서를 찾을 수 있다. 나아가 고객관찰이나 만족도 조사 및 고객경험관리 등을 통한 상시적인 소통은 팀 서포트 체계 개선에도 활용할 수 있다.

**시니어 플랫폼에 참여하는 파트너들의 진정성 있는 확장이 더 나은 시니어 삶을 이끌 것이다.**

초고령화 사회, 급증하는 시니어들이 더 품격 있게 나이 듦을 지원하는 플랫폼은 다양한 구축체계가 필요하다. 재무·비재무 솔루션을 통해 시니어 삶의 우선순위를 다시 놓게 돕고자 한다. 금융종사자에게는 재무·비재무 준비의 균형과 조화를 지원한다. 비즈니스 관심자에게는 시니어라이프 관점에서 유망 비즈니스 모델을 바라볼 수 있도록 지원한다. 이를 위한 '재무·비재무 솔루션, 글로벌 R&D(연구개발), 고객경험연구, 콘텐츠 기반 커머스 연계, 제휴, 법과 제도, 투자자문' 등의 지원체계에 참여하려는 파트너들의 발굴과 연계는 지속될 것이다. 참여 파트너들은 진정성을 검증받을 것이며, 더 나은 시니어 삶에 대한 연구개발은 참여자들의 참여 폭을 확장해 갈 것이다. 궁극적으로 이 땅의 시니어들이 더 품격있게 나이 들어갈 수 있는 기반은 확대될 것이다.

현장 이야기 - 시니어 플랫폼 비즈니스 모델

미국은퇴자협회(AARP)는 회원만 3천 8백만 명에 달하는 거대 시니어 플랫폼 비즈니스 모델이다. 초기에 교사라는 명확한 목표고객을 중심으로, 1만 원 미만의 월회비와 매거진을 통해 비영리단체를 운영했다. 은퇴자가 가장 필요로 할 세금 신고하는 법에 대해 미 국세청과 협력했고, 운전면허증 갱신과 관련된 교육 등 실생활에서 필요한 활동을 중심으로 성장했다. 점차 대상자를 50+로 넓혔고, 회원에 기반한 비즈니스 제휴를 시도했다. 핵심적으로 보험사를 대상으로 단일 보험사를 광고·홍보하고, 계약이 체결되면 수수료도 취하는 방식이다. 2021년 기준 연간 2조 원의 매출에서 제휴수익이 58%를 차지한다. 보험사 제휴가 핵심이며, 시니어가 필요로 하는 '여행, 치아, 청각, 시각, 차량구매, 식료품' 등을 중심으로 멤버십 제휴 혜택도 함께 제공한다. 회원 멤버십 수익(17%) 외에도 매거진(잡지)을 통해서도 광고 제반수익이 8% 정도를 차지한다. 최근에는 '부동산신탁'과 관련된 제휴 서비스도 추가하고 있다.

이처럼 미국은퇴자협회(AARP)는 모여진 회원 기반으로 탄탄한 재정적 수익모델인 '제휴 비즈니스'를 체계화했다. 수익 플랫폼을 넘어서서 공익에서도 역할을 하고 있다. 미국에서는 전미총기협회(NRA)와 함께 영향력이 큰 비영리단체로 인정받고 있다. 50+세대를 위한 공공이슈인 '일자리나 연령차별' 등에서 지역단위로 활동을 펼치고 있다. '금융사기 예방' 캠페인이나 '코로나19로 인한 돌봄지원' 정책도 별로도 전개한다. 고령자 삶에 지대한 영향을 보이는 '공공정책'과 함께 '민간-비영리-학계-국제' 등 다양한 기관과의 협력으로 50+세대를 위한 지원과 영향력을 넓히고 있다.

미국은퇴자협회(AARP) 사례는 시니어라이프 비즈니스 플랫폼이 '고객과 민간 비즈니스'로 국한될 수 없음을 잘 보여준다. 시니어 삶은 공공과 민간을 넘나든다. 특히 '법과 제도'라는 공공정책이 미치는 실효성은 체감이 크다. 국가 차원에서도 '생산가능인구의 감소와 연금 및 건강보험 정책' 등의 틀에서 볼 때, 미국은퇴자협회(AARP)처럼 '50+세대를 위한 옹호(Advocacy) 및 연구(Research)' 필요성 또한 커진다. 나아가 '글로벌 협력' 등 모든 중심에는 '진정으로 시니어의 삶을 이해해 더 나은 시니어 삶을 구현'하려는 자세가 요구된다.

참고로 필자가 운영하는 유튜브 채널(시니어라이프 비즈니스 SLB)에서 다룬 미국은퇴자협회(AARP)의 전략과 성공 노하우 요약장표를 소개한다.

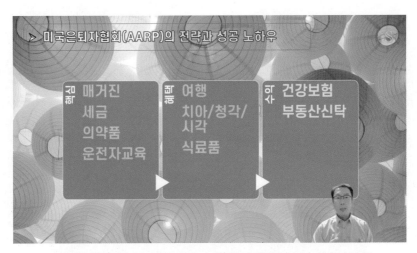

은퇴자들이 원하는 11가지 혜택 – 미국은퇴자협회 성공노하우와 사례

# 4부

·

## 시에나파트너스 플랫폼이
## 그리는 미래
## (실용노년학과 노년기 일상)

## (1) 3대 가족생활과 3인칭 관찰자 시점

금융노년학의 적용, 실생활을 다루는 이 책에서 바로 지금 비재무적 노년기 준비의 지혜를 나누는 필자는 지난 20여 년 3대 가족생활을 직·간접적으로 해왔다. 아이들이 태어날 때부터 취학, 청소년이 될 때까지 처댁 부모님들과 같이 살고 있다. 처음엔 위성가족[45]으로 살다가 지금은 같이 살면서 일상생활의 대부분을 한 집에서 함께 보내고 있다. 함께 사는 이유는 세월, 상황에 따라 변하지만, 처음에는 경제적인 이유와 서로 간 돌봄의 이유로, 지금은 익숙하고 편안해서 같이 사는 게 좋고 여러 가지로 효용적이다. 3대가 같이 살면서 고령자들이 신체적, 심리적, 사회적 특성을 가까이에서 오감으로 경험하게 되는 3인칭 관찰자 시점은 실제 고령자들은 무엇을 좋아하고, 무엇을 필요로 하며, 어떤 때 즐거워하고 슬퍼하는지 알게 되었다. 살아온 시간보다 살아갈 시간이 절대적으로 적은 우리 집의 고령자분들께 이제는 순간순간 소소한 일상의 소박한 행복을 좀 더 함께하고 싶고, 인생의 어느 순간 마무리할 수밖에 없을 때 담담하고 평화롭게 레거시(유산)를 남기도록 옆에서 돕고 싶다. 어떤 사람으로 기억되고 무엇을 남길 것인가? 우리 부모님, 이웃의 어르신들의 노년기 모습이 바로 우리(자녀)들의 가까운 미래이고 닮고 싶거나 좀 나아지고 싶은 모습과 마음의 미래 자화상이지 않을까...


## (2) 고령자 일상의 핵심 키워드들

결혼하고 나서 지난 20여 년 동안 가까이 혹은 같이 처댁 부모님들과 살았다. '서로돌봄', 경제적인 절약, 살림의 역할분담 등의 장점이 있었고, 가족통합, 세대소통, 공감을 나로부터 실천하고 싶었던 이유도 컸다. 60대 초반 장인어른, 50대 중반 장모님이 80대 초반, 70대 중반이 되어가는 동안 두 분의 예비시니어, 액티브시니어, 중기고령자 모습을 옆에서 함께 살며 직접 확인하면서 고령자 삶을 관통하는 주요 키워드들을 다음과 같이 정리해보고 싶다.

---

45) 위성가족(Satellite Family)은 일반적으로 어느 한 가족 혹은 구성원이 다른 가족의 주거지나 근처에 거주하는 형태의 가족형태로 주로 더 큰 가족의 지원을 받기 위해 다른 가족 근처에 살아가며, 더 큰 가족의 사회적, 경제적 지원을 받는 경우가 있다. 위성가족은 주로 대도시에서 나타나며, 도시화가 진행됨에 따라 증가하는 추세로 이러한 가족 구조는 현대사회에서 가족 구성원 간의 상호의존적인 관계와 사회적인 지원체계의 중요성을 보여주는 것으로 볼 수 있다.

1. 건강 챙기기 – 몸, 마음, 영성 측면의 챙김, 잘 먹고 운동하고 잘 자기, 스트레스 줄이거나 해소하기

2. 새로운 취미·여가 – 호기심으로 새롭게 시작하고 시간이 붙으며 익숙해진 취미·여가는 자존감, 자부심으로 이어짐

3. 소일거리 만들고 하기 – 내가 익숙해서 할 수 있거나 우리 가족을 위해 하면 좋을 일이나 하고 싶고 어울리는 일, 정원 가꾸기나 요리 등

4. 동무 사귀기 – 친척, 오래된 인연들과의 관계 지속, 새로운 동무 사귀고 인연 키우기

5. 끊임없는 학습 – 디지털 세상에 스마트폰, TV, 게임, 노트북 등을 통해 활용법을 배우면 살아가고 편리하기, 가족, 동무, 지역사회와의 소통·공감 가능

6. 레거시 준비하기 – 나한테 소중한 물건이나 남기고 싶은 추억, 물건들은 미리미리 리스트업해서 누구에게 무엇을 남길지 시간의 흐름에 맞춰 제때 준비하기

7. 부지런히 고령자지원제도 활용하기 – 경제활동, 유산, 돌봄, 장례 등 노년기 일상과 직결된 노인장기요양보험, 주택연금, 농지연금, 기초노령연금, 금융사 증여상속 관련 상품과 서비스 숙지 및 활용 등


## 나이의 의미와 인식 차이

글로벌고령화가 진행되고 우리나라가 고령선진국의 일원이 되면서 연령차별주의(Ageism)[46]에 대한 논의도 활발해지고 있다. 연령차별주의를 대하는 고령자 스스로와 그 가족 혹은 사회의 나이에 대한 인식은 이제 바뀔 때가 되었다. 복지정책, 제도의 지원대상에서 기준으로 삼는 '주민등록상의 나이(Chronological Age)'[47]는 정책 수혜의 형평을 고려하여 연령에 대한 원칙을 당연히 동일하게 적용하여야겠지만 일상에서 고령자들 스스로,

---

[46] '연령차별주의(Ageism)'란 개인이나 집단이 일정한 연령대를 가진 사람들을 대상으로 차별적인 태도나 행동을 취하는 것을 이르는데 주로 고령화가 진행되는 현대사회에서 발생하며, 노년층을 대상으로 한 차별적인 태도나 행동을 보이는 것으로 특히 주목받고 있다. 특정 연령층에 대해 부정적인 선입관, 편견을 가지는 것에서부터 일자리 차별, 병원이나 의료 시설에서의 차별적인 대우, 고령자의 권리 및 자유의 제한 등 다양한 형태로 나타날 수 있다.

[47] '주민등록상의 나이(Chronological Age)'란 생년월일을 기반으로 계산된 개인의 나이로 태어난 연도를 기준으로 현재 나이를 계산하는 것이며, 이는 법적인 측면에서 중요한 역할을 한다.

혹은 그 가족과 다른 세대들은 더불어 고령자들의 '마음의 나이(Emotional Age)'[48], '꿈의 나이(Dream Age)'[49], '영성의 나이(Spiritual Age)', '몸의 나이(Physical Age)[50]에 대해서도 동시에 균형감을 갖고 바라봐야만 한다. 우리들이 나이에 대해서 갖는 선입관과 편견을 고려하면 고령자의 입장, 즉 역지사지로 나이에 대한 맹목적 접근 대신 다원적으로 나이의 적용이 필요하다고 판단한다.

필자의 경험에 의하면 주관적으로 인식하는 '마음의 나이(Emotional Age)', '꿈의 나이(Dream Age)', '영성의 나이(Spiritual Age)'[51]는 객관적으로 정량적인 데이터에 의해 평가할 수 있는 '몸의 나이(Physical Age)'와 태어날 때부터 정해진 '주민등록상의 나이(Chronological Age)'와 서로 영향을 주고 받지만, 고령자 스스로나 가족, 다른 세대와의 관계에서도 빼놓을 수 없는 소통, 공감의 주요요소이다. '몸의 나이(Physical Age)'는 인터넷에서 접할 수 있는 평가툴에 따라 객관적으로 셀 수도 있지만, 정성적, 주관적 인식의 영역에도 해당될 때가 있다.

요약하면, 고령자들의 나이는 일상생활에서나 마케팅 관점에서 역지사지, 소통과 공감의 측면에서 다방면으로 접근, 고려되어야 한다는 것이다.

---

48) '마음의 나이(Emotional Age)'란 개인이 보유한 감정적, 인지적 능력, 사고방식 등을 기반으로 측정된 개인의 나이로 주로 심리학적인 연구에서 다루어지며, 어린 시절의 경험, 대인관계, 자아 개념 등이 마음의 나이에 영향을 미치는 것으로 알려져 있다.

49) '꿈의 나이(Dream Age)'란 개인의 꿈과 목표에 대한 신념과 열정, 그리고 그를 실현하기 위한 노력과 역량을 기반으로 측정된 개인의 나이를 이른다. 꿈의 나이가 높다는 것은 개인이 높은 목표를 가지고 그것을 이루기 위해 노력하고 있다는 것을 의미하며 스타강사 김미경님이 강조했던 개념이다.

50) '몸의 나이(Physical Age)' 다른 말로는 '생물학적 나이(Biological Age)'는 개인의 생물학적인 상태를 고려하여 계산한 나이로, 생리적인 기능이나 세포 수명 등을 고려하여 평가된다. 예를 들어, 어떤 사람의 생물학적 나이가 65세라면 그 사람의 생체 기능은 일반적으로 65세 언저리의 사람들과 비슷한 것으로 판단되는데 생물학적 나이는 실제 주민등록 나이와는 다를 수 있으며, 실제 나이와 비교하여 더 늙은 경우도 있고, 덜 늙은 경우도 있다는 것이다. 이는 유전적인 요소, 건강 상태, 식습관 등 여러 가지 요인에 따라 결정된다.

51) '영성의 나이(Spiritual Age)'란 개인의 영적인 성숙도를 기반으로 측정된 개인의 나이를 이르는데 개인이 자신의 영적인 신념, 가치관, 그리고 삶의 의미와 목적에 대한 깊이 있는 이해와 인식을 갖고 있는 정도를 나타내는 지표로 종교나 신앙과는 관련이 있지만, 이는 반드시 동일하지는 않다. 영성의 나이는 일종의 성장과 발전의 지표로 사용될 수 있으며, 자신의 삶을 깊이 있게 생각하고 이해하며, 그것에 대한 책임을 다하는 사람으로 성장해 나가는 것이다.

## (3) 자녀, 손주가 함께 준비하는 노년기

자녀, 손주들이 머리가 아닌 가슴으로 (조)부모님을 이해하기 위해서 아래와 같이 몇 가지 실천거리를 공유하고 싶다.

1. (조)부모님과 함께 고령친화산업(실버산업, 시니어비즈니스) 박람회, 전시회를 다녀 보기를. 어떤 쓸만한 물건들이 있고 당장 쓸만한 물건들은 무엇이며 부모님은 어떤 물건에 관심을 갖고 취향은 어떤지 확인할 수 있다[예 복지 & 헬스케어 엑스포(경기 고양), 홈케어ㆍ재활ㆍ복지 전시회(서울 코엑스) 등].

2. 노인장기요양보험, 주택연금, 농지연금 등 고령자를 위한 정부, 지자체의 제도와 정책을 찾아보고 활용해 보자. 등급 받는 절차와 방법, 해당 등급별 고령자 돌봄지원, 주거자산을 활용한 소비활용과 증여ㆍ상속연계 등의 효과가 있다.

   – (조)부모님의 친구들을 집으로 초대해 함께 하는 시간을 보내 보자. 평소 이야기 들었던 친구들은 누구인지, 어떤 친구들을 남다르게 생각하고 편해하는지, 그 친구들은 무엇을 좋아하고 요즘 관심사는 무엇인지... 부모님에 대해서 더 많이 알게 되는 소중한 시간~.

   – 고령자의 신체적 노화와 그로 인한 심리적 상황을 이해하기 위해 노인생애체험, 고령친화용품체험, 인지증장애체험('치매'가 한자로 '어리석음'을 뜻하기에 본인은 '치매(癡呆)' 대신 '인지증'으로 표현하고 싶다)을 자녀, 손주가 직접 체험해보자. 성남 시니어산업혁신센터, 노인생애체험센터 등에서 신청해서 참여할 수 있고 참여확인서도 받아 볼 수 있다.

### 연령차별주의(Ageism)는 가라!
당신의 나이는 몇 살인지요?

**AGE**

| C | P | E | D | S |
|---|---|---|---|---|
| Chronological Age (주민등록나이) | Physical Age (몸의 나이) | Emotional Age (마음의 나이) | Dream Age (꿈의 나이) | Spiritual Age (영성의 나이) |

[나이의 인식]

## 일과 가족, 일과 여가, 일과 영성 간의 균형과 조화

고령자들 대상으로 리서치할 때 '지금까지 살아오면서 가장 후회되거나 잘한 일이 무엇인지요?'라고 여쭈면 많은 분들이 공통적으로 '일을 덜하는 대신 가족과 얘기를 많이 하고, 시간을 더 많이 함께 보낼걸', '색다른 취미·여가를 꼭 해볼걸', '눈치 안 보고 적당히 아끼고 대신 가보고 싶은데 가고, 먹고 싶은 거 먹으며 마음 좀 편히 살걸'이라는 대답을 하는 것을 보았다.

먼저 살아간 인생의 선배님들, 지금 노년기를 살아가는 고령자들, 곧 노년기를 맞을 인생 후반전의 중장년들이 덜 후회하는 삶을 살아가기 위해서는 일과 가족, 일과 여가, 일과 영성 간의 조화와 균형이 필수적이다. '일과 가족 간 균형과 조화'는 개인이 자신의 일과 가족생활을 조화롭게 유지하면서 삶을 영위하는 것을 의미한다. '일과 여가 간 균형과 조화'는 개인이 일과 여가 생활을 조화롭게 유지하면서 삶을 영위하는 것을 말한다. '일과 영성 간 균형과 조화'는 일을 하면서, 소명적인 일에도 관심을 갖고 동시에 영적인 가치나 목표를 추구하며 삶을 영위할 때 진정 살아갈 만한 세상이라는 것이다.

요약하면 일가 가족, 여가, 영성 간의 균형(Balance), 조화(Harmony), 때론 통합(Integration)에 대한 생각이 실천으로 이어질 때 우리는 지혜로운 노년기를 보낼 수 있는 것이다.

## (3) 일상에서 가족, 관계, 여가, 영성을 찾는 지혜

2020년 봄 3대가 같이 오래 살아보자고 시작한 단독주택프로젝트는 3세대의 모두가 참여하고 노인을 이해하는 설계자, 단독주택을 짓고 살아본 경험이 있는 시공자 간의 지난한 설계와 시공과정을 거쳐 2021년 2월에서야 집을 완공했고, 지금도 인천 청라의 둥지는 따뜻하게 자리잡고 있다. "다사롭고 은은하게"의 순우리말을 뜻하는 '다은'을 집이름으로 정하고 종종 이웃들과 의미 있는 공동체활동을 하고자 '커뮤니티다은'을 시작한 지도 제법 시간이 흘렀다. '커뮤니티다은프로젝트'라는 이름으로 데코앤플라워(Deco &

Flower), 품위 있는 죽음 플레이숍, 생각의 힘 키우기 특강, '어디서 누구와 어떻게 살아갈 것인가' 공동체 주거 토론 등을 진행해 왔고, 앞으로도 프로젝트는 계속될 것이다. 커뮤니티케어(지역포괄케어, 지역사회통합돌봄)를 통한 '돌봄의 사회화'가 좀 더 보편적으로 필요한 지금, 우리동네홍반장은 고령자들 일상으로 출발하여 가족, 이웃 간에 관계, 여가, 영성을 함께 발견(Discover)하고 탐험(Explore)하고자 한다.

| 1차 커뮤니티다은프로젝트 :<br>데코앤플라워(Deco & Flower) | 4차 커뮤니티다은프로젝트 :<br>"가장 좋은 복지는 동네 이웃" |
|---|---|

## 단독주택 프로젝트와 유니버설 디자인 적용

고령자들이 다른 세대들과 더불어 안전하고 편리하게 지역사회에서 살아가기 위해서는 환경노년학(Environmental Gerontology)[52]의 개념이 현장에서 고령친화적(Age-friendly)으로 적용되어야 한다. 주택리모델링 혹은 주택리폼에서 고령친화적 인프라 개선은 집 안팎에서 유니버설 디자인(Universal Design)[53]으로 이루어진다. 흔히 유니버설 디자인의 적용을 통해 고령자들은 의(衣), 식(食), 주(住), 락(樂), 학(學), 살림, 살핌, 어울림으로 가정생활에서 다시 일상생활의 어엿한 주연이 될 수 있다. 낙상 등 고령자에게 자주 발생하고 발생 시 치명적인 위험으로 이어질 여지가 있는 사고의 발생확률을 떨어뜨

---

52) 환경노년학(Environmental Gerontology)은 고령자들의 삶의 질(Quality of Life)과 건강을 유지하는 데 있어서 물리적, 사회적, 문화적 환경의 영향을 연구하는 학문 분야로 고령자들이 살아가는 집, 동네, 지역, 도시 등의 물리적인 환경, 그리고 가족, 친구, 이웃, 커뮤니티 등의 사회적인 환경, 그리고 문화, 가치관, 인식 등의 문화적인 환경을 연구한다.

53) 유니버설 디자인(Universal Design)은 포용적인 디자인(Inclusive Design)으로 모든 사람이 동등하게 이용할 수 있는 제품, 서비스, 공간, 정보 등을 디자인하는 것을 말한다. 장애인, 고령자, 어린이, 임산부, 외국인 등의 다양한 요구와 능력을 고려하여 제품이나 서비스를 디자인하는 것이다.

리기 위해 집 안팎 곳곳을 유니버설 디자인으로 적용하는 사례를 주변에서 심심찮게 볼수 있다. 아래 그림과 같이 적용한 필자가 거주하는 단독주택에서도 사고확률을 줄였을뿐 안타깝게도 여전히 부모님의 사고는 반복적으로 발생한다. 사고발생장소의 인프라에대한 개선을 고려하고 필요시 개선을 시도하지만, 무엇보다도 중요한 것은 고령자 자신이일상생활에서 사고에 노출되지 않도록, 사고확률을 떨어뜨리기 위한 노력이다. 그리고 가족 역시 고령자의 신체적 특성을 먼저 생각해서 섬세하고 세련되게 고령자의 심리적, 사회적 특성을 헤아려 고령자가 위축되지 않도록 현미경의 시선과 한없는 따듯한 마음으로공존, 공감해야 한다.

| 현관 턱 제거, 휠체어 접근 지원 목적의 현관 확대, 자동문 설치, 조명 자동점멸 기능, 의자 대행 보조기능, 화재예방 알람기기, 화장실 바닥 미끄럼 방지제 등 | 휠체어의 데크 진입 허용, 폭넓고 칸별 낮은 높이의 계단, 계단 이동 편의 제공 보조 손잡이, 미끄럼 방지 바닥재 사용, 화장실과 욕조, 샤워부스 옆 손잡이 설치 등 |
|---|---|

필자가 3대 가족과 더불어 사는 인천 청라의 단독주택(스페이스 다온)에서 유니버설 디자인을 적용한 모습

## (4) 안전하고 편리하게 살아가는 노년기

조명을 밝게 했다. 젊은이들보다 화장실을 자주 가는 고령자들의 밤은 여러 번 잠을 설칠 수밖에 없다. 어두운 방에 익숙해져 있다가 화장실에 가기 위해 불을 켜면 조명이 너무밝아 그냥 어두운 상태로 화장실을 가다가 잘 안 보여서, 혹은 미끄러져서 낙상을 경험하고는 한다. 필자의 장인어른 역시 여러 차례 그랬다. 상황이 발생하면 왜 그랬는지 상황을공유하고 문제해결적 관점에서 대응책을 찾는다. 습관이 중요하기에 화장실 갈 때는 불을

꼭 켜달라는 부탁 대신 조명은 너무 밝지 않은 옵션으로 준비하는 센스. 나아가 자동센서로 움직임 포착 시 점멸하는 자동조명장치까지 한다면 더할 나위 없겠다. 계단과 화장실, 욕조, 세면대에 설치한 핸드레일은 아주 유용하게 쓰이고 있다. 계단 폭을 넓히고 계단 간 간격을 낮춘 것 역시 몸이 무거워지고 작은 외부 충격에도 상처 입기 쉬운 고령자를 위해 신중하게 선택했다. 출입구에는 턱이 없고 앉아서 신발을 신고 벗을 수 있으며, 탈부착 보조도구도 갖다 놓고 깔끔한 외모인지 확인할 수 있는 거울 등을 설치한 것도 유용한 접근이었다. 집 안팎에서 AIP, CIP를 실천할 수 있도록 고령친화적 일상생활을 지원하기 위한 주택리폼 혹은 관련 유니버설 디자인 제품을 구매, 설치하기를 적극 추천한다.

## 최고의 복지는 좋은 이웃 : 지역사회 성공적, 긍정적, 창의적 노년기 넛지

'최고의 복지는 좋은 이웃'이라는 마을활동가의 강의내용을 듣고 이웃들과 오래 동네에서 같이 잘 살아가자는 덕담을 주고받고 함께 다짐을 한 적이 있다. 이웃이라는 개념에서 우리는 고령자, 장애인, 외국인에 대해서 좀 더 시야를 넓게 다시 생각했으면 하는 바람이다. 저출산고령사회에 다른 세대와 더불어 잘 살아가는 지혜가 서로에게 요구되며, 그러기 위해서는 지역사회에서 어린이, 장애인복지의 중요성을 인지하고 지원하는 것처럼 고령자 복지를 바라보는 우리 자신의 렌즈도 갈아 끼우고 자주 닦아줬으면 좋겠다. 그래야 제대로 무엇이 문제인지 보게 되고, 해결은 어떻게 할지 생각하게 된다. 그럴 때 세대 간, 가족 간 갈등이 줄어들고, 고령자들과 함께 더불어 살아갈 만한 커뮤니티(Age-friendly Livable Communites)가 이루어질 것이다.

학계에서는 고령자 복지와 관련하여 공공영역과 민간영역(비즈니스), 제3섹터에서 성공적 노년기에 이어 '긍정적 노년기(Positive Aging)'[54]와 '창의적 노년기(Creative

---

54) 긍정적 노년기(Positive Aging)는 예전에는 노화에 대한 부정적인 시각이 우세하였지만, 최근에는 노화를 긍정적으로 받아들이고, 삶의 후반기에서도 새로운 경험과 성취를 추구하며 살아가는 것을 의미한다. 안티에이징(Anti-Aging), 다운에이징(Down-Aging)을 넘어서 프로에이징(Pro-Aging)의 관점과 선순환적인 관점에서, 개인이 자신의 능력과 가능성을 최대한 발휘하며, 자신의 삶을 스스로 계획하고 통제하며 새로운 도전을 시도하는 것이다. 개인의 성취감, 자기존중감, 사회적 정체감 등을 높여주고 삶의 질을 향상시키는 것으로 이어지며 노년기에 대한 사회적 태도의 변화와 연결되어 있다.

Aging)'[55]에 대한 논의도 계속 강조되고 있다. 취미와 여가, 가족과 사회적 관계, 건강, 심지어 단순히 경제활동의 목적을 넘어서는 일과 사회공헌에서 긍정적 혹은 창의적 노년기에 대한 연구와 현장 접목은 더욱더 중요해질 것이다.

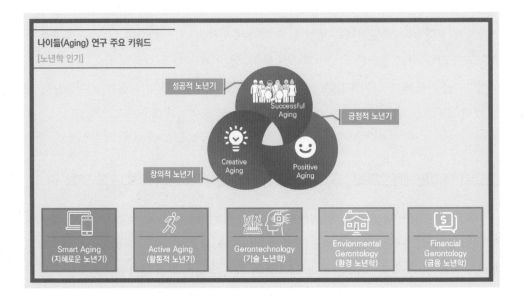

## (5) 우리집 여성 4호의 커밍아웃 그리고...

우리 집 여성 4호(장모님)는 나이 70이 넘어서야 정주지를 찾았다. 그녀는 그동안 서울 강동구의 천호동, 송파구의 거여동, 마포구의 성산동과 공덕동을 거쳐 드디어 인천 청라에 둥지를 느지막이 틀었다. 언제나 사람 사귀기를 좋아하고 이웃들과 크고 작은 일상에 대한 수다를 떨고 일상을 나누기를 즐긴다.

그녀에게도 이곳 인천 청라 단독주택으로 이사 오고 나서 새로운 친구들이 많이 생겼다. 새로운 친구들의 연령대는 60대 중반부터 80대 초반까지 스펙트럼이 넓고 노부부, 자

---

55) 창의적 노년기(Creative Aging)는 노년층이 창의적인 활동을 통해 인생의 후반기를 더욱 풍부하고 의미 있는 삶으로 살아가는 것을 말하는 것으로 다양한 분야에서 일어날 수 있는데 대표적인 예로는 예술활동, 문학활동, 공예활동, 봉사활동 등이 있다. 노년층에 대한 부정적인 인식을 극복하고, 긍정적 노년기와 연결된 개념으로서 노년층이 새로운 도전과 성장의 기회를 가지는 것을 장려한다.

녀와 사는 부부, 3대가 사는 부부 등 가족 구성 형태도 다양하다. 그녀는 친구들을 집에 초대하기도, 돌아가며 호스트하는 집에 놀러가기도 한다. 맛있는 음식으로 포트럭 파티를 하기도 하고 때론 막걸리, 맥주, 와인을 마시기도 한다. 대화의 주제는 무엇일까? 텃밭에서 농사짓는 배우자와 식사 챙겨야 하는 배우자, 자녀의 직업과 성격, 청라 주변의 가볼 만한 곳들과 산책코스, 손주들 자랑과 속 썩이는 거리, 요즘 하는 취미·여가거리 등등 다양한 얘깃거리가 있다.

우리 집 남성 2호(장인어른)는 8호선 전철을 타기 시작한 지 오래다. 몇 년 전부터 M 문화원에서 배우기 시작한 서예는 이제 여러 작품전에서 수상하기도 했고, 아코디언도 술 한잔할 때면 방 밖으로 예쁘게 들려오곤 한다. 공연을 보여달라는 자녀, 손주의 말에 아직은 쑥스러우신가 보다. 남성 2호 역시 한 달에 두세 번 동네 남성 어르신들과 맛집 투어를 다니신다. 인천 청라를 넘어서서 강화, 영종도, 서울, 심지어 경기 북부 멀리까지 원정도 마다하지 않는다. 텃밭에서 직접 키우는 오이, 상추, 무, 고추, 토마토, 블루베리, 청포도, 두릅, 방풍나물, 돌나물 등은 가족에게 사랑받은 지 오래다.

최근에는 파크골프를 시작하여 골프클럽, 공, 파우치, 장갑, 옷 등을 구비하여 동네 남성 시니어분들과 거의 매일 오전 파크골프를 즐기고 계시다.

우리 집 여성 4호와 남성 2호에게 남성 1호(필자)가 공통적으로 부탁드리고 싶은 것은 동무들과 얘기나눌 때 대화의 주제를 자녀·손주보다는 요즘 나는 무슨 일할 때 행복한지, 취미·여가와 일상에 대해서 화두를 꺼내기를 바라고, 자녀·손주를 자랑하기보다는 자녀·손주를 흉보며 적과의 동침(?)을 거리낌 없이 공유하는... 천진난만하면서도 때론 유치한 아이들이 되시라는 것이다.

참고 : 2022 미국노년학회(ASA ; American Society on Aging)의 키워드

**(2022 Aging in America Conference의 12가지 범주)**

- 고령화 기술, 기술 혁신 및 디지털 격차 해결(Age Tech, Technology Innovations & Solving the Digital Divide)
- 지역사회에서의 노화(Aging in Community)
- 돌봄네트워크와 돌봄시스템(Care Networks & Systems of Care)
- 경제, 노동 및 인력 문제(Economics, Labor & Workforce Issues)
- 가족 정의, 노인 법률 및 성인 보호 서비스(Family Justice, Elder Law & Adult Protective Services)
- 고령화의 글로벌 및 사회 문화(공동체)(Global & Societal Cultures of Aging)
- 비즈니스, 자선 및 사회 서비스의 혁신(Innovations in Business, Philanthropy & Social Services)
- 평생학습, 참여 및 사회(Lifelong Learning, Engagement & Society)
- 정신적, 행동적, 인지적 및 정서적 건강(Mental, Behavioral, Cognitive & Emotional Health)
- 신체적 및 사회적 건강(Physical & Social Health)
- 정치, 고령화 정책 및 옹호(Politics, Aging Policy & Advocacy)
- 종교, 영성 및 의미(Religion, Spirituality & Meaning)

2022 미국노년학회의 키워드들로부터 지역사회에서의 돌봄(커뮤니티케어), 곧 돌봄의 사회화, 지혜로운 노년기(스마트 에이징)를 지원하기 위한 기술과 혁신, 디지털 격차(Digital Divided) 해결, 평생공부와 사회참여, 고령자들의 일자리 모색과 인권 보호 등의 필요성, 중요성을 확인한다. 글로벌 고령화와 고령자를 위한 복지의 패러다임 변화를 엿보고 우리나라의 정서, 문화에 맞고 우리의 장점을 살려 고령자들의 노년기 준비를 도와야 하는 숙제가 있다.

## 고령사회, 환희인가? 비극인가? 장수경제와 조부모경제의 기회!

글로벌고령사회를 맞아 우리가 맞을 미래사회가 위기라기보다는 기회가 더 많다고 판단하기에 비극 대신 환희라는 낱말을 입에 더 담고 싶다. 이유는 나이 들어가는 부머들(Aging Boomers)이 선물할 장수경제(The Longevity Economy)[56]와 조부모경제(The Grandparent Economy)[57] 덕분이다.

상당한 소비력을 갖춘 미국의 50+세대들은 인구규모가 1억 6천만 명으로 미국 전체 인구의 반 정도를 차지하고 있고, 연간 약 7조 1,000억 달러(약 9천 5백조 원)를 소비하고 있다. 소비활동은 2032년까지 13조 5,000억 달러(약 1경 8천조 원)를 넘을 예정으로 미국 GDP의 약 52%를 차지할 것으로 전망되고 있다. 이들 50+세대들은 1억 개의 일자리를 책임지고 있으며, 4조 5,000억 달러(약 6천조 원) 이상의 임금, 1조 달러(약 1천 3백조 원)에 달하는 연방세금, 7,500억 달러(약 1천조 원) 이상의 주 및 지방 세수를 창출한다고 한다. 50+세대의 증가는 곧 미국 경제 전체의 중요한 생산과 소비의 주체로서 비즈니스의 중요한 수익원으로 경제 선순환을 견인하리라고 본다.

우리나라의 경우, 베이비부머들이 1차(1955~1964년생) 780만 명, 2차(1968~1974년생) 623만 명, 이들 사이에 출생한 248만 명을 모두 합쳐 1,700만 명에 육박하는, 전체 국민의 3분의 1에 이르는 거대한 인구집단인 광의의 베이비부머들이 초고령사회에서 장수경제의 소비자와 수요자가 된다면 우리나라 역시 고령사회는 비극이 아닌 환희가 될 수 있다. 이미 패션, 스포츠, 취미와 여가, 온라인 유통 등에서 액티브한 예비시니어들의 라이프스타일과 소비는 장수경제의 도래와 가능성을 확인시켜주고 있는 셈이다.

미국에서는 요즘 조부모의 경제, 손주비즈니스(The Grandparent Economy)에 대한 논의가 뜨겁다. 특별히 조부모들의 소비습관과 경제적 영향력에 대한 연구로 '그랜드페어

---

56) 장수경제(The Longevity Economy)란 50세 이상 미국인들의 모든 경제활동을 의미하는 것으로, 50+세대들이 구매하는 상품, 서비스와 본인을 포함한 가족들, 이를테면 자녀, 손주, 부모세대를 위한 지출을 모두 포함한다.
57) 조부모경제(The Grandparent Economy)란 세대 간의 경제적 상호작용을 의미하며, 주로 노인들이 자녀와 손자, 손녀들에게 경제적 지원을 제공하는 것을 말하는 것으로 점점 증가하고 중요해지고 있다.

런팅(Grandparenting : 조부모와 손주가 함께 행동하는 것)'에 대해 주목하고 있다. 인구통계분석가 피터 프랜시스(Peter Francese, American Demographics의 설립자)의 연구결과에 따르면, 미국의 조부모는 약 7천만 명으로 매년 약 2,400조 원($2 trillion) 이상의 상품과 서비스 구매에 돈을 쓴다. 미국 전체 자산의 약 75%를 차지하는 조부모들은 매년 약 80조 원($63.5 billion)을 손주를 위해서 지출하고 있다. 조부모들은 이전 세대보다 훨씬 젊고, 수입과 자산도 상당하며, 매년 점점 더 돈을 많이 쓰는 경향을 보인다. 주목할 만한 사실은 많은 조부모가 손주들과 함께 살고 있으며 음식, 의류, 여행, 엔터테인먼트, 교육 등에서 그랜드페어런팅이 이루어지고 있다는 것이다.

그랜드페어런팅이 소비로 이어져 조부모 경제의 한 단면을 볼 수 있는 사례가 바로 '조부모의 날(Grandparents' Day)'이다. 미국은 9월 둘째 주 일요일, 일본은 10월 셋째 주 일요일에 조부모의 날을 기념하고 있다. 조부모의 날은 원래 할아버지, 할머니에 대한 감사하는 날이지만 조부모, 자녀, 손주들이 서로 선물을 주고받고 함께 쇼핑, 외식도 하고 사랑을 표현하며 즐기는 이벤트로 발전하고 있다.

그랜드페어런팅과 조부모의 날 덕분에 그랜드페어런츠닷컴(Grandparents.com)[58]이 미국사회에서 주목을 받았다. 조부모경제를 얘기할 때 빠질 수 없는 사례인 그랜드페어런츠닷컴은 가족 구성원들 간 유대를 돈독히 하고 가족 구성원들에게 진정 중요한 게 무엇인지 조언을 주며 조부모들에게 중요한 건강, 웰빙, 여행, 돈, 은퇴 등 시의적절한 정보를 제공했다. 또한, 조부모들이 손주들에게 의미 있는 유산을 남길 수 있도록 조부모들에게 힘을 주는 이야기도 하면서 비디오, 인터넷 등의 스토리텔링을 통해 디지털 세상의 지혜를 활용하며 조부모의 역할을 격려, 축하해 주기도 하는 내용을 주로 담고 있다. 설립자이자 CEO인 제리 쉐리체스키(Jerry Sheresewsky)는 당시 중기고령자로 고령자들을 대상으로 하는 비즈니스에서 비슷한 연령대인 고객 고령자들의 요구(Needs)와 욕구(Wants)

---

58) 그랜드페어런츠닷컴(Grandparents.com)은 미국의 고령자 및 조부모들을 위한 온라인 커뮤니티 및 라이프스타일 회사로 2007년에 창립되었으며, 고령자 및 조부모들의 관심사 및 필요에 맞는 정보를 제공하고, 그들의 삶의 질을 향상시키기 위한 다양한 서비스를 제공했다. 온라인 매거진, 뉴스레터, 블로그, 포럼 등을 통해 고령자 및 조부모들을 위한 다양한 정보와 건강, 라이프스타일, 여행, 재정 등 다양한 주제를 다룬다. 또한, 손자, 손녀들을 위한 교육적인 게임, 그리고 조부모들을 위한 혜택 및 할인 등의 서비스도 제공했다.

를 더 잘 알기 때문일 것이다. 지금은 컨시더러블닷컴(www.considerable.com)[59]으로 바뀌어 운영되고 있다.


## (6) 돈 아끼고 건강 챙기며 가족으로부터 사랑받는 일상의 바람직한 변화?

장수경제와 조부모경제의 논리와 생활 속 실천이 우리 집에도 적용된다. 장인어른, 장모님은 작은 집 하나를 갖고 계시고 연금과 손주돌봄에 따른 용돈 등 안정적으로 경제생활을 영위하고 계신다. 생일이나 명절, 기념일에 외식할 때는 기분 좋게 호주머니에서 돈을 꺼내 서슴지 않고 먼저 계산을 하신다. 특히 손주들에게 좋은 일이 생길 때는 용돈이나 선물을 주시고, 손주들 학교나 학원 오갈 때 에스코트를 자주 하시며 아이들 좋아하는 음식과 간식 구매에서 적극 나서신다. 너무 고마울 따름이다.

첫 번째 손주가 태어나서 아주 어렸을 때 어른들 과일과는 별도로 좋은 음식 먹이겠다고 용돈을 아끼셔서 유기농 과일만 따로 사서 먹인 적도 있다. 우리 집엔 유기농 토마토, 딸기가 있던 시절이었다. 큰 손주가 중학생이 되고 작은 손주가 초교생이 될 때까지 그동안 용돈도 많이 주시고 얼마나 많은 선물들을 주셨는지, 그 종류와 수를 하나하나 헤아릴 수 없다. 아이들의 통장에는 할머니, 할아버지로부터 받은 현금 덕분으로 통장이 두둑하다.

두 분은 오랜 시간이 흘러 돌아가시게 되면 아이들에게 어떤 할머니, 할아버지로 기억되고 싶으실까? 용돈 대신 할머니, 할아버지의 따뜻한 마음, 사연이 담긴 선물들이 곧 레거시(Legacy)일 것이고 그 무형의 자산 레거시에는 할머니, 할아버지와 성장과정에서 순간순간 함께 했던 기억들, 추억들이지 않을까?

---

59) 컨시더러블닷컴(www.considerable.com)은 미국의 고령자 및 중년층을 대상으로 하는 온라인 매거진 회사로 2017년에 설립되었으며, 고령자와 중년층이 직면하는 다양한 문제와 관심사에 대한 정보와 조언을 제공한다. 건강, 재정, 가족, 여행, 라이프스타일 등 다양한 주제를 다루며, 고령자와 중년층이 삶의 질을 높이는 데 필요한 정보와 자문을 제공한다.

로리 비터(LORI K. BITTER)의 조부모경제(The Grandparent Economy),
피터 프란시스(Peter Francese)의 조부모경제(The Grandparent Economy)

온 가족의 요청에도 담배 끊기를 거부하셨던 장인어른은 첫 손주의 담배 냄새난다는 말 한마디에 담배를 끊고 절약한 돈으로 저 많은 인형들과 유기농 과일을 사주시곤 하셨다.

손주들 장난감들, 인형들을 놓은 수납장을 직접 만들고 있는 장인어른. 송파실벗뜨락에서의 목공교육이 현장에서 실력을 발휘하고 그 혜택을 손주들이 받는다.

### 조한종 파트너

영성의 나이(Spiritual Age)로 이제 13살이 되었다. 조금은 더 철이 들고 싶었고... 하고 싶은 일을 하자고 끊임없는 도전하며 시니어분들과 그 가족들, 평생 동무들과 이웃들, 시니어분들의 라이프스타일을 넛지하는 분들을 위해 오늘도 사람을 만나고 지식을 구하고 지혜를 나눈다. 먼 미래의 일로 다가오지 않을 것 같았던 2025년 초고령사회(Super Aged Society)를 앞두니 금융노년전문가(RFG)로서 절박함과 소명(Vocational Aging)이 동시에 찾아왔다. 마침 신뢰하는 좋은 파트너들과 함께 이 의미 있는 일을 함께 할 수 있어서 보람 있었고, 고마웠고, 즐거웠다. 누군가 그랬다. "Some people look for a beautiful place. Others make a place beautiful." 가족통합과 세대공감, 상호문화를 위하여 계속 나아가고자 한다.

### 김신혜 파트너

시에나파트너스와 시니어들의 보다 나은 삶을 돕기 위한 플랫폼의 구상은 '고객 한 분'에서부터 비롯되었다. 기존에 해오던 범위와 방식으로는 '고객'의 상황에 맞는 니드를 충족하기 어려웠고 자산관리사로서의 역할과 책임에 대해 진지한 고민을 하게 된 계기가 되었다.

그렇게 '고객 한 분'과 역지사지 입장을 취하되 다양한 관점에서 검토한 최적의 솔루션을 제공하고 그 솔루션을 실행할 수 있도록 도우며 피드백함으로써 한 분, 한 분이 우리를 만나기 전보다 후가 더욱 만족스럽고 STAGE를 업그레이드하길 소망한다.

### 최학희 파트너

누구에게나 펼쳐지는 노후. '당신도 품격있게 나이들 수 있습니다.' 시니어 삶의 재무적 비재무적 삶의 이상적인 모습과 함께 이를 지원할 수 있는 비즈니스 모델을 구축하는 꿈이 있다. '더 나은 시니어 삶'을 연구하던 차에 금융자산가 고객을 대상으로 Pilot Test를 할 수 있는 시에나파트너즈 비즈니스 모델이 등장했다. 백서와 이러닝 교재에 이어, 우리는 현장에서 고객을 만난다. 책에 쓰여있는 이론과 모델을 바탕으로, 한 명 한 명 소중한 고객의 삶의 이야기를 듣는다. 그들의 이야기와 꿈을 구현해 줄 '품격 있는 나이 듦'의 모델을 실천해 보고자 한다. 시에나파트너즈는 누구나 이런 꿈을 가진 분들을 파트너로 초대한다. 시니어 라이프 비즈니스를 연구자로서 한 걸음 한 걸음 작은 발걸음을 내디딘다. '더 품격 있는 삶의 Re Priority와 Re Design을 향해….'

좋은 책을 만드는 길, 독자님과 함께 하겠습니다.

시니어 레거시(Senior Legacy)

| | |
|---|---|
| 초 판 발 행 | 2023년 07월 10일 (인쇄 2023년 06월 02일) |
| 발 행 인 | 박영일 |
| 책 임 편 집 | 이해욱 |
| 저 자 | 조한종 · 김신혜 · 최학희 |
| 편 집 진 행 | 박종옥 · 유형곤 |
| 표지디자인 | 박수영 |
| 편집디자인 | 임아람 · 채현주 |
| 발 행 처 | (주)시대고시기획 |
| 출 판 등 록 | 제 10-1521호 |
| 주 소 | 서울시 마포구 큰우물로 75 [도화동 538 성지 B/D] 9F |
| 전 화 | 1600-3600 |
| 팩 스 | 02-701-8823 |
| 홈 페 이 지 | www.sdedu.co.kr |

| | |
|---|---|
| I S B N | 979-11-383-5365-6 (03190) |
| 정 가 | 16,000원 |